CAHIERS

▶ n° 170 / 3ᵉ trimestre 2022

PHILOSOPHIQUES

CAHIERS PHILOSOPHIQUES
est une publication de la Librairie Philosophique J. Vrin
6, place de la Sorbonne
75005 Paris
www.vrin.fr
contact@vrin.fr

Directeur de la publication
DENIS ARNAUD

Rédactrice en chef
NATHALIE CHOUCHAN

Comité scientifique
BARBARA CASSIN
ANNE FAGOT-LARGEAULT
FRANCINE MARKOVITS
PIERRE-FRANÇOIS MOREAU
JEAN-LOUIS POIRIER

Comité de rédaction
ALIÈNOR BERTRAND
LAURE BORDONABA
MICHEL BOURDEAU
JEAN-MARIE CHEVALIER
MICHÈLE COHEN-HALIMI
JACQUES-LOUIS LANTOINE
BARBARA DE NEGRONI
STÉPHANE MARCHAND
SÉBASTIEN ROMAN

Sites internet
www.vrin.fr/cahiersphilosophiques.htm
http://cahiersphilosophiques.hypotheses.org
www.cairn.info/revue-cahiers-philosophiques.htm

Suivi éditorial
ÉMILIE BRUSSON

Abonnements
FRÉDÉRIC MENDES
Tél. : 01 43 54 03 47 – Fax : 01 43 54 48 18
abonnement@vrin.fr

Vente aux libraires
Tél. : 01 43 54 03 10
comptoir@vrin.fr

La revue reçoit et examine tous les articles, y compris ceux qui sont sans lien avec les thèmes
retenus pour les dossiers. Ils peuvent être adressés à : cahiersphilosophiques@vrin.fr. Le calibrage
d'un article est de 45 000 caractères, précédé d'un résumé de 700 caractères, espaces comprises.

ISSN 0241-2799
ISSN numérique : 2264-2641
ISBN 978-2-7116-6023-0
Dépôt légal : mars 2023
© Librairie Philosophique J. Vrin, 2023

SOMMAIRE

■ ÉDITORIAL

■ DOSSIER
GÜNTHER ANDERS

■ LES INTROUVABLES DES CAHIERS

■ SITUATIONS

ÉDITORIAL

La lecture de ce numéro consacré à Günther Anders nous confronte à une pensée qui exhibe la quasi-impasse de la relation contemporaine du sujet à l'histoire – qu'il s'agisse de l'histoire singulière des individus ou de la grande histoire – relation pourtant essentielle dont les sujets ne peuvent s'affranchir puisqu'il y va de leur liberté. Notre époque, celle de l'avènement de la « 3ᵉ révolution industrielle », aggrave encore la situation, toute utopie étant désormais devenue inimaginable. Nous ne pouvons plus nous projeter vers un monde meilleur, nous en sommes réduits à être l'humanité du *délai* avant la catastrophe. Est-ce à dire qu'il n'y a plus rien à faire qu'à subir, que toute action politique est renvoyée à la vanité ?

Dans un entretien de 1986 postérieur à la catastrophe nucléaire de Tchernobyl[1], Anders semble surpris par la question du journaliste qui s'enquiert de son « espoir pour ce monde ». Question qui apparaît oiseuse « en comparaison des tâches qui nous attendent » répond le philosophe. Nous sommes des « cathécontes » d'un genre nouveau[2] à qui incombe l'impérieux devoir de repousser aussi longtemps que possible l'apocalypse de la fin des temps.

Ces tâches impératives conduisent à poser le problème de la violence politique dans l'histoire, ce devant quoi le philosophe ne recule pas – et qui motive d'ailleurs le refus par le quotidien allemand de publier l'entretien ainsi que le titre polémique choisi par Anders « La saleté »[3]. Si une forme de violence est nécessaire, c'est parce que « nous devons vraiment gêner ces hommes bornés et tout-puissants qui peuvent décider de l'être ou du non-être de l'humanité, nous devons vraiment leur lier les mains »[4] et cela vaut autant pour l'usage militaire du nucléaire que pour son usage civil. Tchernobyl est une catastrophe au même titre qu'Hiroshima et Nagasaki.

C'est une nécessité pour les êtres humains que nous sommes de nous inscrire dans l'histoire sauf à accepter d'être englouti par la contingence, ainsi que l'expose Anders dans son « anthropologie négative ». L'essentiel inachèvement de l'homme rend possible la transformation de sa liberté en « monde »[5] et l'exige aussi : agir implique d'exclure certains possibles, ce qui offre une échappatoire au nihilisme. C'est là la condition *sine qua non* de l'histoire, individuelle autant que collective. La mémoire et le retour réflexif du sujet sur ses propres orientations et choix lui permettent d'écrire *sa* vie ; il y est engagé en première personne en même temps que confronté à des circonstances historiques vis-à-vis desquelles il doit sans cesse se situer. Il est toutefois des circonstances – dont l'exil – qui font advenir une rupture

---

1. *Cf.* « La saleté », Interview de Günther Anders par la *Frankfurter Allgemeine Zeitung*, 1986, p. 126-127 de ce numéro.
2. *Cf.* C. David, « Messianisme et dystopie », *Cahiers philosophiques* n°167, 2021/4, p. 38.
3. Anders en donne l'explication, p. 121.
4. *Ibid.*, p. 126.
5. *Cf.* P. Wilhelm, « L'histoire n'est que l'histoire de sa propre mécompréhension et falsification », p. 84-85.

dans l'existence, une expérience de la perte du monde qui prive l'individu des repères qui lui permettaient d'être le sujet de sa propre histoire. « "La vie" au singulier nous a été volée, à nous qui avons été chassés par l'histoire mondiale... » écrit Anders dans ses *Journaux de l'exil et du retour*[6]. Les formes et les figures d'un tel arrachement sont variées mais elles contribuent ensemble à cette histoire défaite, au sein de laquelle la possibilité même de l'action est devenue incertaine.

La confrontation personnelle d'Anders à l'exil contribue au déploiement progressif d'une « philosophie du décalage »[7] qu'il développe pleinement dans les deux volumes de *L'obsolescence de l'homme*. La notion de « décalage prométhéen » voit le jour, qui prend acte de l'envahissement du monde par la technique ou plutôt par ce que la technique est devenue, et dont l'arme nucléaire est la manifestation la plus extrême. Car la bombe n'est pas une arme comme une autre, elle « *n'est pas un "moyen"* en tant que son absolue grandeur met en échec le principe moyen-fin en tant que tel »[8]. Il est en effet radicalement impossible de discerner un *bon* d'un *mauvais* usage d'une telle arme, ni d'imaginer qu'elle puisse être « entre de bonnes mains ». C'est la technologie nucléaire en tant que telle qui excède toutes les limites et même si les conséquences ne sont pas identiques à celles d'une bombe, une centrale nucléaire ne peut davantage être considérée comme un simple moyen de produire de l'énergie. Nous sommes entrés dans ce qu'Anders qualifie de « civilisation technique » et cela accroit le risque de barbarie, du fait de la distance de plus en plus grande entre l'humanité et ce qu'elle produit. La monstrueuse disproportion de la technique, la démesure des produits et des moyens de production, place la technique aux commandes de l'histoire, nous privant de fait de notre statut de « sujet de l'histoire ». Plus largement, l'ouverture au monde et la non-fixité caractéristiques de l'être humain sont menacées par cette inflexion de la technique.

Dans ce contexte, il faut s'interroger sur les marges qui demeurent encore accessibles à l'action politique et sur les moyens d'agir. « Pour transformer l'humanité en Sujet Politique, il faudrait éveiller en elle « une conscience analogue à la conscience de classe grâce au slogan "Morts en sursis de tous les pays unissez-vous" »[9]. Mais à la différence de la conscience de *classe* des prolétaires, c'est l'ensemble de l'humanité composée de « morts en sursis » qu'il faudrait parvenir à mobiliser ! Et ce, alors même que les media constituent un obstacle de plus en plus puissant qui fait écran à la réalité et contribue au renforcement de la domination technique.

Dans *L'Obsolescence de l'homme*, Anders propose justement une analyse philosophique des media dont il tire les conséquences politiques. Les moyens utilisés – la radio et la télévision auxquelles on pourrait adjoindre aujourd'hui les différents media numériques présents sur la *toile* – ont entraîné une « transformation ontologique » du monde « réduit à l'état de fantôme entre

---

■ 6. G. Anders, JER, cité par P. Wilhelm, « L'histoire n'est que l'histoire de sa propre mécompréhension et falsification » p. 101.

■ 7. *Cf.* F. Catalani, « L'innocence perdue des forces productives », p. 55.

■ 8. G. Anders, OH1, cité par F. Catalani, p. 63.

■ 9. *Cf.* C. David, « L'émigrant et son ombre », p. 29-30.

réalité et apparence »[10]. Formé à la phénoménologie par Husserl, Anders infléchit la démarche et s'intéresse aux formes *artificielles* de la perception, à la manière dont le rapport à la réalité est techniquement *construit* et non simplement *constitué*. Le néologisme de *médialité* est forgé dans ce cadre pour souligner une articulation originaire de passivité et d'activité et l'impossibilité de les séparer. Ainsi, la visibilité est *médiale* dans la mesure où celle-ci est à la fois passive et active : être vu, c'est aussi se donner à voir.

Le bouleversement majeur induit par les media c'est « la livraison du monde à domicile » sans que le sujet en fasse par lui-même l'expérience[11]. La privation de l'expérience découle du fait que la « livraison médiale » du monde ne peut constituer un véritable élargissement de l'horizon subjectif. La finalité principale des media est d'ailleurs autre puisqu'il s'agit en priorité de capter un public en vue d'une consommation de masse.

Au rebours de ce que l'on pourrait penser, le parcours d'Anders n'est pourtant pas celui d'« un phénoménologue académique qui devient un philosophe désespéré de la technique »[12]. A travers un dialogue avec Nietzsche et plus lointainement Rousseau, l'un et l'autre porteurs de « véritables critiques de la culture », Anders travaille lui aussi à une critique de la culture dominante qualifiée de « civilisation technique » et s'interroge sur la possibilité de faire émerger une *autre* culture en mesure de résister à l'hégémonie de la première. La culture n'est pas à entendre, à la manière de Nietzsche, comme un « ensemble de valeurs qui possède une "unité de style" et donne son homogénéité à un peuple » ; elle est plutôt un « processus de transformation du monde » en vue de « satisfaire les besoins humains »[13]. Une autre culture impliquerait-elle de faire advenir d'autres besoins ? Anders nous permet en tout cas de réfléchir à cette question.

L'articulation de la technique et de l'histoire s'accompagne d'une mise à distance de toute philosophie de l'histoire pensée comme effectuation du progrès autant qu'avec la philosophie de l'histoire antagoniste de l'« oubli de l'être ». Dans son *Journal philosophique* à propos de l'idiome philosophique de Heidegger et de son retour à l'origine de la langue, Anders écrit : « Même en supposant qu'il existe quelque chose comme une "aurore absolue", pourquoi devrait-elle être la vérité ? [...] Et pourquoi l'histoire qui suit ce passé auroral devrait-elle être exclusivement une histoire de l'*opacité*, l'inverse des Lumières, une forme de progrès retourné ? Heidegger n'est-il pas là tributaire du mythe du progrès, fût-ce de manière polémique ?[14] »

Anders entend pratiquer une philosophie « concrète », aux prises avec la conflictualité sociale, ce qui l'éloigne encore davantage de Heidegger. Dès 1936-1937, il reprochait déjà à cette pensée de n'être qu'un « idéalisme de la non-liberté »[15]. La critique qu'il développe vise particulièrement l'analytique existentiale : le *Dasein*, tel qu'il est présenté, est privé de corps et de toute relation à des besoins physiques impérieux. « A quoi la phénoménologie aurait

10. *Cf.* R. Ellensohn et K. Putz, « Quand le fantôme devient réel c'est le réel qui devient fantomatique », p. 71.
11. *Ibid.*, p. 77.
12. *Cf.* C. David, « L'émigrant et son ombre », p. 16.
13. *Ibid.*, p. 24-25.
14. *Cf.* G. Anders, « Sur le mode d'expression philosophique et le problème de la vulgarisation », p. 107.
15. *Cf.* J. Dawsey, « Redéfinir les "choses mêmes" », p. 37-38.

pu ressembler si, vers 1895, elle avait choisi la faim et sa satisfaction comme "acte modèle" [*Modellakt*]…? » se demande Anders, tout en étant convaincu qu'Husserl n'aurait jamais pu adopter une démarche aussi matérialiste.

Mais c'est aussi la langue volontiers ésotérique de la philosophie dont le philosophe Anders entend se protéger et se démarquer. « De plus en plus souvent et de plus en plus clairement, je ressens comme une chance le fait que les circonstances m'aient empêché de passer ma vie dans le milieu de la philosophie non académique »[16] écrit-il, ajoutant que rien n'est plus indispensable au philosophe que « de prendre de la distance vis-à-vis de la philosophie, c'est-à-dire de prendre conscience de l'ampleur du fossé qui se creuse entre les activités du monde et sa propre profession, en fait si peu naturelle ». Faut-il pour autant chercher à « vulgariser » la philosophie, à la traduire en un langage qui serait accessible au plus grand nombre ? Rien n'est moins sûr car seul celui qui serait déjà initié serait en situation de « traduire » pour les autres. Anders met plutôt en avant le patient travail qui a lieu « en cours » – il prend alors pour modèle son activité professorale – et fustige « les figures détestées de ceux qui pensent que le savoir doit être réservé à une élite »[17].

Anders affirme, contre une certaine idée de la métaphysique et au rebours d'un mouvement vers les essences, que philosopher c'est se porter vers les situations historiques, les événements contingents, la concrétude du monde. « Nous, les "philosophes", nous préférerions retirer leurs titres aux prétendues "sagesses", c'est-à-dire trouver le courage de "désessentialiser" »[18].

On peut alors interroger la place conférée par Anders à « la » technique et se demander si celle-ci ne fait pas l'objet, malgré tout, d'une forme d'essentialisation, comme si la puissance destructrice de l'énergie atomique scellait définitivement le destin de la technique, celui de l'histoire et de l'humanité, abolissant toute autre conflictualité. « Ce n'est donc pas parce qu'elle est une découverte de la physique – même si elle l'est aussi – que l'énergie nucléaire est le symbole de la troisième révolution industrielle, mais parce que son effet possible ou réel est de *nature métaphysique* »[19] écrit-il au début du tome 2 de *L'obsolescence de l'homme*.

Les non-libertés de son temps sont, pour Anders, « bien davantage les conséquences de la technique que celles des rapports de propriété »[20]. La possibilité actuelle d'envisager d'autres régimes techniques associés à d'autres rapports de propriété et d'autres finalités que le seul accroissement de la consommation ouvrirait-elle une voie pour échapper à la *fin des temps* ?

Nathalie Chouchan

■ 16. *Cf.* G. Anders, « Sur le mode d'expression philosophique et le problème de la vulgarisation », p. 113-114.
■ 17. *Ibid.*, p. 118-119.
■ 18. G. Anders, OH2, cité par P. Wilhelm, « Présentation », p. 13.
■ 19. G. Anders, OH2, cité par P. Wilhelm, « L'histoire n'est que l'histoire de sa propre mécompréhension et falsification », p. 83.
■ 20. G. Anders, OH2, cité par R. Ellensohn et K. Putz, « Quand le fantôme devient réel c'est le réel qui devient fantomatique », p. 73.

DOSSIER

Günther Anders

TABLE DES ABRÉVIATIONS

Les références aux œuvres d'Anders Stern les plus citées dans le dossier sont données dans le corps des articles selon les abréviations suivantes :

AH   *Aimer hier : Notes pour une histoire du sentiment*, trad. fr. I. Kalinowski, Lyon, Fage, 2012.

BC   *La Bataille des cerises. Dialogue avec Hannah Arendt*, trad. fr. P. Ivernel, Paris, Rivages, 2013.

CCA   Hannah Arendt et Günther Anders, *Correspondance 1939-1975 suivie d'écrits croisés*, trad. fr. C. David et A. Ellenberger, Paris, Fario, 2019.

CM   *La Catacombe de Molussie*, trad. fr. A. Ellenberger, P. Wilhelm et C. David, Paris, L'Échappée, 2021.

EJSD   *Et si je suis désespéré, que voulez-vous que j'y fasse ?*, trad. fr. C. David, Paris, Allia, 2001.

HEP   *Hiroshima est partout*, trad. fr. D. Trierweiler, F. Cazenave, G. Raphaël Veyret et A. Morabia, Paris, Seuil, 2008.

HSM   *L'Homme sans monde. Écrits sur l'art et la littérature*, trad. fr. C. David, Paris, Fario, 2015.

IAP   « Une interprétation de l'*a posteriori* », dans *Recherches philosophiques*, A. Koyré, H.-C. Puech, A. Spaier (éd.), trad. fr. E. Levinas, Paris, vol. IV, 1934, p. 65-80.

JER   *Journaux de l'exil et du retour*, trad. fr. I. Kalinowski, Lyon, Fage, 2012.

K   *Ketzereien*, München, Beck, 1996.

KPC   *Kafka. Pour et contre*, trad. fr. H. Plard, Belval, Circé, 1990.

MJ   *Ma judéité*, trad. fr. C. David et A. Ellenberger, Paris, Fario, 2016.

MN   *La Menace nucléaire*, trad. fr. C. David, Paris, Le Serpent à plumes, 2006.

NFE   *Nous, fils d'Eichmann*, trad. fr. S. Cornille et P. Ivernel, Paris, Rivages, 1999.

OH1   *L'Obsolescence de l'homme : Sur l'âme à l'époque de la deuxième révolution industrielle*, t. 1, trad. fr. C. David, Paris, Ivrea-L'Encyclopédie des nuisances, 2002.

OH2   *L'Obsolescence de l'homme : Sur la destruction de la vie à l'époque de la troisième révolution industrielle*, t. 2, trad. fr. C. David, Paris, Fario, 2012.

PCPH	*Sur la pseudo-concrétude de la philosophie de Heidegger,* trad. fr. L. Mercier, Paris, Sens et Tonka, 2003.
PE	*Phénoménologie de l'écoute,* trad. fr. M. Kaltenecker et D. Meur, Paris, Éditions de la Philharmonie de Paris, 2020.
PL	« Pathologie de la liberté. Essai sur la non-identification », dans *Recherches Philosophiques,* A. Koyré, H.-C. Puech, A. Spaier (éd.), trad. fr. P.-A. Stéphanopoli, Paris, vol. VI, 1936-1937, p. 22-54.
TG	*Tagebücher und Gedichte,* München, Beck, 1985.
SKF	*Schriften zu Kunst und Film,* München, Beck, 2020.
SP	*Sténogrammes philosophiques,* trad. fr. N. Briand, Paris, Fario, 2015.
VBV	*Visit Beautiful Vietnam!,* Köln, Pahl-Rugenstein Verlag, 1968.
VH	*Visite dans l'Hadès,* trad. fr. C. David, Bordeaux, Le Bord de l'eau, 2014.
VL	*Vue de la Lune,* trad. fr. A. Ellenberger, P. Wilhelm et C. David, Genève, Héros-Limite, 2022.
VON	*La Violence : oui ou non,* trad. fr. C. David, E. Petit et G. Plas, Paris, Fario, 2014.
ÜHa	*Über das Haben,* Bonn, Friedrich Cohen, 1928.
ÜH	*Über Heidegger,* München, Beck, 2001.
WM	*Die Weltfremdheit des Menschen. Schriften zur philosophischen Anthropologie,* München, Beck, 2018.

Les références aux œuvres inédites d'Anders conservées dans les archives de littérature de la Bibliothèque Nationale d'Autriche sont indiquées selon leur cote (LIT 237/…). Ces inédits ne sont pas paginés, mais nous avons indiqué à chaque fois la référence la plus précise de chaque citation en mentionnant le paragraphe dont elle est extraite.

Les traductions des citations de livres en langue étrangère sont de l'auteur·trice ou du traducteur·trice de l'article. Toutes les expressions en italique suivies d'un astérisque sont en français dans le texte original.

Nous remercions Gerhard Oberschlick de nous avoir accordé l'autorisation de traduire et publier les deux inédits d'Anders qui figurent dans ce volume.

DOSSIER

Günther Anders

PRÉSENTATION

Perrine Wilhelm

On ne présente plus Günther Anders, anthropologue philosophique à l'époque de la technocratie (OH2, p. 9), autrement dit fauteur de troubles à l'intérieur d'un état technique du monde, semeur de panique face à la menace d'un globocide nucléaire, agitateur public contre les dangers moraux d'une société conformiste et d'une automatisation des chaînes de travail. Que cette critique de la modernité comme privation de monde [*Weltlosigkeit*] se fonde sur une première anthropologie philosophique de l'extranéité au monde [*Weltfremdheit*] [1], la critique l'a déjà très justement souligné [2]. Et que cette première anthropologie philosophique a été accompagnée d'un travail de phénoménologie de la musique, de multiples élaborations littéraires, et d'autant de sténogrammes et autres hérésies philosophiques, nous commençons à en prendre conscience.

Cependant, la multiplicité des formes et des thèmes philosophiques ne signifie pas pour autant qu'Anders aurait renoncé à travailler à leur cohérence, et encore moins qu'il aurait abandonné la tâche d'écrire de la philosophie, même si peu lui importait que la postérité lui accorde, ou non, le titre de philosophe : « C'est un peu comme pour la chasse : que ceux qui philosophent relèvent ou non de la catégorie des philosophes professionnels, ce n'est pas cela qui compte. L'important, c'est seulement ce qu'ils rapportent de leurs digressions, de leurs excursions : est-ce ou non quelque chose de nourrissant ? » (OH1, p. 29). C'est précisément cette cohérence de la philosophie d'Anders,

---

1. Nous suivons ici le choix d'Emmanuel Levinas qui traduit « Weltfremdheit » par « extranéité » (IAP, p. 65, 74 et 76). En effet, ce terme français désigne précisément le caractère de ce qui est étranger, ainsi que la situation juridique d'un étranger dans un pays donné – il nous semble donc plus précis que le terme « étrangeté » qui désigne une chose étrange. Pour Anders, l'être humain n'est pas étrange par rapport au monde, mais lui est étranger.

2. Le lien entre l'anthropologie philosophique et les deux tomes de *L'Obsolescence de l'homme* ont été soulignés par C. David, « Fidélité de Günther Anders à l'anthropologie philosophique : de l'anthropologie négative de la fin des années 1920 à *L'Obsolescence de l'homme* », dans *L'homme et la société* 181, 2011/3, p. 165-181, ainsi que par C. Dries dans sa postface « Von der Weltfremdheit zur Antiquiertheit des Menschen. Günther Anders' negative Anthropologie [De l'extranéité de l'être humain au monde à l'obsolescence de l'homme. L'anthropologie négative de Günther Anders] », WM, p. 437-535. C'est dans cette perspective que se situe également l'article de R. Ellensohn et K. Putz, « "Quand le fantôme devient réel, c'est le réel qui devient fantomatique". Phénoménologie et critique des médias chez Günther Anders », p. 71 *sq.* de ce volume, qui établit que la construction d'une médialité artificielle par la radio et la télévision subvertit en réalité le mode de constitution sensible du monde qu'Anders a analysé dans sa première phénoménologie.

ce qu'il appelle lui-même sa « systématicité après-coup » (OH2, p. 10), qui est l'hypothèse commune des articles de ce volume.

Cette cohérence de la pensée d'Anders entre sa première anthropologie philosophique des années 1920-1930 et sa philosophie critique de la technique initiée à partir des années 1950 par le premier tome *L'Obsolescence de l'homme*[3] se retrouve grâce à une mise au jour de ses œuvres inédites, écrites dans les années 1940, et en particulier les manuscrits de *Kulturphilosophie* (*Philosophie de la culture*, LIT 237 / W 46 – W 68). L'anthropologie philosophique était pour Anders un moyen de replacer l'existence du sujet phénoménologique dans le monde en examinant les types de situations qui le déterminent. Ce qu'entend Anders par situation, c'est précisément la manière dont un être vivant se tient dans le monde, et la distance qu'il peut prendre par rapport à lui : « La forme spécifique d'appartenance et d'indépendance, de lien et de liberté – donc *le degré d'intimité et le degré de distance est la situation spécifique de chaque être* » (WM, p. 231). Mettre l'accent sur la situation, c'est ainsi souligner la corporéité de l'être humain, rappeler qu'il n'est autre que « l'animal étendu [*das erweiterte Tier*] » (WM, p. 272) qui entretient avec ses propres besoins un rapport très particulier. Car la liberté conçue comme extranéité au monde signifie en réalité la capacité humaine de « transcender ses besoins » (WM, p. 240), de s'en abstraire mais aussi de créer de nouveaux besoins qui excèdent l'offre du monde. La philosophie de la culture est alors une manière d'appliquer des thèses de l'anthropologie philosophique au domaine de la critique sociale. C'est dans ce texte qu'Anders définit pour la première fois la barbarie comme une situation de décalage [*Gefälle*] entre l'être humain et ses produits[4], plus précisément comme une inversion du rapport entre les besoins humains et l'offre des produits. C'est désormais l'offre des productions humaines qui excède les besoins ; la transcendance s'inverse, la liberté n'est plus celle des producteurs, mais des produits. Le comble de la barbarie, et donc du décalage, est atteint lorsque le système de production exige pour sa propre perpétuation une production en masse de nos besoins, c'est-à-dire une production d'une humanité désirante capable de rattraper le tempo effréné du développement technique et industriel[5]. La philosophie de la culture pense ainsi pour la première fois le concept de décalage de l'être humain avec ses produits, mais aussi de l'être humain avec lui-même puisque ses propres besoins ne sont plus ses propriétés, mais sont produits en masse. Dans la critique de la culture se trouve ainsi l'origine de ce concept de « décalage prométhéen » (OH1, p. 31) que crée Anders pour

---

■ 3. Dans *Vue de la Lune,* Anders réaffirme « le lien systématique étroit qui existe entre [ses] différents travaux » (VL, p. 23) afin de souligner que toutes ses œuvres postérieures au premier tome de *L'Obsolescence de l'homme* sont pensées comme des « variations monographiques » (VL, p. 23) réunies uniquement par l'idée que les productions techniques posent le problème « politico-moral et existentiel » d'une obsolescence de l'humanité et de sa liberté. C'est donc une exigence pratique qui confère une systématicité aux réflexions d'Anders sur Hiroshima (HP), sur la question de la responsabilité à l'époque technicienne (NFE), sur le génocide au Vietnam (VBV), sur la menace nucléaire (MN et VON) et enfin sur les vols spatiaux (VL).

■ 4. G. Anders, *Kulturphilosophie,* § 3 « Barbarei als die Differenz zwischen dem Menschen und seinem Produkt [La barbarie comme la différence entre l'être humain et son produit] », vol. 1, LIT 237 / W 52.

■ 5. *Ibid.,* § 4 « Bedürfnis als Produkt [Le besoin comme produit] ».

mettre en évidence l'obsolescence des facultés humaines face aux productions techniques – origine que ce volume se donne pour tâche de mettre au jour[6].

La cohérence de la pensée d'Anders émerge aussi paradoxalement de son travail sur la multiplicité des formes d'écriture que peut prendre la philosophie. L'exigence d'une « philosophie concrète »[7] qui prenne en compte la matérialité du corps et des besoins humains va de pair selon Anders avec celle d'une « philosophie de l'occasion » (OH2, p. 10), d'une « philosophie de plein air » (OH2, p. 10) qui « philosophe en laissant par principe sa porte ouverte afin de pouvoir, si nécessaire, se ruer au-dehors et intervenir n'importe où » (SP, p. 7). Anders se place lui-même dans une tradition de philosophes antisystématiques représentée par Feuerbach, Kierkegaard et Nietzsche[8] (OH2, p. 409), opposant une philosophie du singulier, de l'histoire et de la généalogie aux philosophies du tout (Hegel) et de l'être (Heidegger). Ce qui intéresse Anders, c'est de faire redescendre le philosophe de sa tour d'ivoire, de le rappeler à la corporéité de ses propres besoins, à son ancrage dans le monde social et historique. Contre toute une tradition métaphysique, Anders affirme que philosopher, c'est aller contre les essences et faire porter ses analyses sur les évènements les plus contingents, sur ce qu'il appelle les « heccéités » (OH2, p. 26), les singularités historiques. « Nous, les "philosophes", nous préférerions retirer leurs titres aux prétendues "sagesses", c'est-à-dire trouver *le courage de "désessentialiser"* » (OH2, p. 416).

Désessentialiser et replacer la philosophie dans son contexte social et historique, c'est également travailler à ce que peut être une « vulgarisation philosophique », un mode d'expression philosophique qui ne se cantonne pas au domaine universitaire, mais s'adresse à tous. Toute la tâche d'Anders depuis ses essais d'anthropologie philosophique a donc été de trouver un mode d'expression philosophique singulier, tout comme Brecht et Kafka ont pu trouver un mode d'expression poétique qui leur était propre, à savoir « un ton direct. Un ton qui se tient autant à distance du langage courant dépravé que du langage technique élevé »[9]. Le présent recueil met en évidence que c'est non seulement dans ses œuvres théoriques, mais aussi dans ses œuvres littéraires et autobiographiques, que l'on trouve la philosophie d'Anders. Pour Anders, la philosophie se doit de répondre aux questions les plus urgentes de ses contemporains en employant une langue qui ne craint pas de quitter les rangs de la philosophie universitaire, de briser les frontières entre les genres, ni de puiser dans les ressources d'un langage courant lui-même

6. En particulier dans l'article de F. Catalini, « L'innocence perdue des forces productives : Walter Benjamin, Günther Anders et les origines du "décalage prométhéen" », p. 53 *sq.* de ce volume.

7. Sur le développement par Anders d'une « philosophie concrète » contre l'analytique existentiale de Heidegger, voir J. Dawsey, « Redéfinir les "choses mêmes". Günther Anders, la "confrontation" avec Heidegger et la tâche d'une "philosophie concrète" », p. 33 *sq.* de cet ouvrage.

8. Sur le rapport d'Anders à Nietzsche, voir l'article de C. David, « L'émigrant et son ombre, relevé d'éclairs nietzschéens dans le ciel de la *Kulturphilosophie* andersienne », p. 15 *sq.* de ce volume.

9. G. Anders, « Sur le mode d'expression philosophique et le problème de la vulgarisation », dans ce volume p. 103 *sq.*

pétri de métaphores et de mensonges. En bref, Anders nous rappelle que la tâche du philosophe est nécessairement « oppositionnelle »[10] : elle consiste à confronter ses contemporains aux vérités qui les dérangent.

Perrine Wilhelm

■ 10. G. Anders, « Sur le mode d'expression philosophique et le problème de la vulgarisation », dans ce volume p. 113.

DOSSIER

Günther Anders

L'ÉMIGRANT ET SON OMBRE
Relevé d'éclairs nietzschéens dans le ciel de la *Kulturphilosophie* andersienne

Christophe David

Anders s'est toujours intéressé à Nietzsche. Devenu philosophe, c'est à travers la question des valeurs qu'il le croise lorsqu'il entreprend d'écrire une *Kulturphilosophie*. S'il le fascine tant, c'est pour avoir osé dénoncer l'absence de fondement de la morale. Mais, même fasciné, Anders n'est pas homme à suspendre la tendance fondamentalement critique de sa pensée : l'idéal d'une surhumanité que Nietzsche a proposé pour dépasser l'humanité bricoleuse de morales lui semble s'engager sur un terrain politiquement irrecevable. Déterminant la décadence du monde comme son entrée dans un état technique du monde, Anders donne des accents nietzschéens à sa propre critique de la culture : c'est l'humanité tout entière qui doit devenir une surhumanité capable de révolutionner le monde pour le conserver...

> Par Dieu et toutes les choses auxquelles je ne crois pas,
> mon ombre parle.
>
> Nietzsche, *Le Voyageur et son ombre* (1880)

Depuis quelques années – et on peut supposer que le nietzschéisme assumé par Michel Henry et le questionnement tenace de Michel Haar sur les rapports Heidegger/Nietzsche et Husserl/Nietzsche n'y sont pas pour rien –, on se penche sur la question des rapports des phénoménologues à Nietzsche. Si Günther Anders est une figure intéressante sous cet aspect, c'est parce qu'étudiant de Husserl – sous la direction de qui il a soutenu sa thèse en 1923 –, il s'est éloigné de la phénoménologie égoïque pour se rapprocher successivement de deux penseurs, issus eux aussi de la phénoménologie husserlienne, à qui l'on doit des interprétations fortes de Nietzsche : Scheler et Heidegger[1].

Qu'il n'y a pas d'abord Nietzsche, mais qu'il n'y a d'abord que des interprétations de Nietzsche, Anders en est parfaitement conscient et, dans le premier texte qu'il publie sur Nietzsche (*Das Dreieck*, n°3/1924, p. 92), il parle du « grand petit cortège » qui a suivi Nietzsche, celui des nains interprètes juchés sur les épaules de ce géant, pour dire que c'est à cause de ces interprètes que Nietzsche est encore « si parfaitement inconnu » et inviter à enfin le lire : « Commençons donc enfin par son début. »

Toutefois, dire qu'Anders aurait donné une interprétation univoque de Nietzsche qui ne varierait pas de la fin des années 1920 jusqu'à *Ketzereien* (1982)[2], que l'on pourrait identifier celle-ci comme son interprétation de Nietzsche et la comparer à d'autres interprétations, cela semble difficile. Nietzsche est comme un géant dont l'ombre porte sur tout l'œuvre d'Anders. Un souci pour ce géant est présent du début à la fin, mais celui-ci s'exprime par éclairs sporadiques et, quand Anders entre en dialogue avec l'ombre de Nietzsche, ils parlent : Nietzsche se révèle à Anders et Anders s'explique avec Nietzsche, qu'il considère comme « celui de [ses] ancêtres spirituels le plus dénué de préjugés » (K, p. 215).

Ces éclairs viennent zébrer le ciel d'un parcours qui n'est pas, comme on peut le croire au premier abord, celui d'un phénoménologue académique qui devient un philosophe désespéré de la technique, mais celui d'un philosophe qui, dès qu'il a fini de faire ses gammes phénoménologiques, formule un projet de *Kulturphilosophie* et lui donne la forme d'une critique de la culture selon lui dominante, à savoir de la civilisation technique. Cette critique, il la rangera sous un slogan : l'obsolescence de l'homme, slogan qui n'est pas qu'un titre de livre mais aussi la pointe d'un projet philosophique qui va voir Anders, au fil des voyages auxquels l'émigration va le condamner, dialoguer avec l'ombre de Nietzsche. C'est à relever certains des moments de ce dialogue éclairant que prétend cet article.

Éclair 1 : La question des valeurs, Nietzsche (et Fichte) *vs.* Scheler

Ici, le dialogue entre Anders et Nietzsche est médiatisé par la question de l'absence de fondement des valeurs ayant cours (celles de la « culture européenne » selon Nietzsche et celles de la « civilisation technique » selon Anders) et de la nécessaire création d'autres valeurs. Toujours soucieux de

---

■ 1. Voir M. Scheler, *L'Homme du ressentiment*, trad. fr. anonyme, Paris, Gallimard, 1970 et M. Heidegger, *Nietzsche*, trad. fr. P. Klossowski, Paris, Gallimard, 1971. Anders ne mentionne nulle part les livres de Löwit et de Fink, qui sont de toutes façons plus des reconstructions que des interprétations, mais fait, tardivement, allusion à celui de Jaspers (*Nietzsche : introduction à sa philosophie*, trad. fr. H. Niel, Paris, Gallimard, 1978) (K, 236 *sq.*). Il lit divers ouvrages sur Nietzsche ne devant rien à la tradition phénoménologique allemande, par exemple W. M. Salter, *Nietzsche the thinker. A study*, London, Cecil Palmer and Hayward, 1917, qu'il cite à plusieurs reprises. Après-guerre, aux États-Unis, il s'est constitué une sorte de fiche (9 feuillets dactylographiés) sur Nietzsche (LIT 237/W 73). Écrite tantôt en allemand et tantôt en anglais, cette fiche cite l'étude de Salter, la préface de Max Brahn à la deuxième édition de *La Volonté de puissance* (1917), des extraits d'*Aurore*, de *Humain trop humain*, du *Gai savoir*, de *La Volonté de puissance* (pas forcément dans l'édition Brahn…), s'interroge sur le rapport de Nietzsche au socialisme et le traite, au passage, de « pur nazi » à cause de l'aphorisme n°733 de *La Volonté de puissance*.

■ 2. Dans *Ketzereien*, Anders se met souvent en scène en train de lire un volume de Nietzsche et crée ainsi une sorte de feuilleton dans le livre, les « Nietzsche-Lektüre », dont on finit par guetter les épisodes…

situer concrètement les philosophies, Anders replonge Nietzsche dans le *pathos* tragique de son époque :

> Le sentiment tragique de vivre dans un vide de valeurs, l'idée qu'elles ne peuvent être créées, si tant est qu'elles puissent l'être, que par notre volonté de puissance, qui trouvera son expression la plus grandiose dans la formule nietzschéenne de « transvaluation », existaient bien avant Nietzsche. « Nous devons mettre notre empreinte sur ce qui n'a pas de valeur en soi et lui attribuer une valeur, nous devons élever la poussière au-dessus de la poussière », est-il dit, par exemple, à la fin d'*Agnes Bernauer* de Hebbel. De telles formules, mais aussi celles de Nietzsche, font clairement ressortir le *pathos* philosophique de Kant et surtout de Fichte : l'idée de « poser », le concept de liberté de la *Critique de la raison pratique* — alors que, pendant de nombreuses décennies, c'est le concept de liberté de la *Critique de la faculté de juger* qui a été au premier plan (KP2, « Zu Wertphilosophie ») [3].

Ces propos rendent un son curieux à nos oreilles habituées à l'interprétation deleuzienne de Nietzsche : ici, Anders inscrit l'auteur de la *Généalogie de la morale* dans le sillage du Kant de la (première et de la) deuxième *Critique* – un Kant dont Fichte est la vérité – et le présente comme l'aboutissement d'une tradition selon laquelle les valeurs, ça se crée.

À cette tradition s'en oppose une autre qui dit que les valeurs, ça se découvre. Cette tradition, à l'époque d'Anders, c'est Scheler qui l'incarne, Scheler qui intéresse Anders en tant que réactualisateur – avec Plessner – de l'anthropologie philosophique, mais dont le projet d'« éthique matériale des valeurs » [4] avec lequel il intervient dans la querelle des valeurs, lui semble être moins créateur et même souffrir d'un « manque d'originalité » :

> Il est instructif de voir à quel moment cette frappe de la valeur est explicitement combattue : c'est *expressis verbis* chez Scheler qui, abusant de la vision des essences parfaitement antimétaphysique de Husserl, « découvre » les valeurs au lieu de les « créer ». Ce n'est pas par hasard si cela s'est produit peu après les révolutions qui ont mis fin à la Première Guerre mondiale, et ce dans l'intérêt d'un statu quo culturel. Ce que l'on découvre, philosophiquement, est *a priori* et ne peut donc pas être modifié par des actions *a posteriori* (KP2, « Zu Wertphilosophie »).

Mais ce choix méthodologique ne neutralise pas seulement le processus politique de création des valeurs – l'apparition des valeurs d'une civilisation nouvelle (remettant la technique à sa juste place, par exemple) au nom desquelles on va défaire l'ancienne (celle qui ne jurait que par la technique et le progrès, par exemple) –, il a d'autres conséquences :

▓ 3. Nous abrégeons de la manière suivante les manuscrits inédits d'Anders (suivi des titres de chapitres) : KP 1 et 2 correspondent aux deux volumes de la *Kulturphilosophie* (LIT 237/W 52 et 237/W 53) — tapuscrit-manuscrit en allemand commencé en 1942 à Santa Monica puis repris en 1948 à New York) ; KPPA correspond au tapuscrit *Kulturphilosophie : Philosophische Anthropologie* (LIT 237/W 51) — cours fait en anglais à la New School for Social Research en 1949, s'appuyant sur le tapuscrit-manuscrit précédent et l'éclairant parfois. Et nous abrégeons ainsi les références à Martin Heidegger : N1 et N2 : *Nietzsche*, t. 1 et 2, *op. cit.*

▓ 4. M. Scheler, *Le Formalisme en éthique et l'éthique matériale des valeurs*, trad. fr. M. de Gandillac, Paris, Gallimard, 1991.

Décider de ce qui doit être considéré comme une valeur supérieure ou inférieure est, au fond, une décision prise au nom de la puissance et de l'intérêt. Ce problème [...] ne peut jamais être résolu à l'aide d'une déduction. Scheler l'avait bien vu qui ne s'est effectivement pas servi d'une méthode déductive, mais de la méthode pré-déductive de la vision des essences, qui a l'immédiateté en commun avec la décision volontaire tranchant si une valeur doit être considérée comme inférieure ou supérieure. Pour cacher le fait qu'il décrétait simplement sa hiérarchie des valeurs (ou qu'il en reprenait une reconnue depuis longtemps, à savoir la hiérarchie catholique des valeurs), il affirmait qu'il avait tiré l'ordre de ses valeurs d'une donation dans l'« intuition idéative », discréditant ainsi la phénoménologie et la rendant en même temps très célèbre dans un camp auquel elle n'appartenait pas (KP1, « Exkurs : Der Wertbegriff erhält seinen Gnadenstoss durch die sog. Werttheorie »).

Non seulement Scheler renonce à la création de valeurs mais les valeurs qui se donnent à lui dans l'intuition idéative sont... les valeurs catholiques. Scheler fait prendre son premier tournant théologique à la phénoménologie et est, à ce moment, deux fois aux antipodes de Nietzsche sur la question des valeurs : il dit non à la création de nouvelles valeurs et retourne même aux valeurs chrétiennes contre lesquelles Nietzsche avait joué les valeurs dionysiennes.

Si les choses semblent claires, le différent Scheler-Nietzsche n'est pas clos pour autant : il reste la question du ressentiment — nous y reviendrons.

Anders choisit-il Nietzsche contre Scheler ? La voie de Fichte-Nietzsche donne aux hommes la possibilité de créer leurs valeurs ; sur celle de Scheler, « instrument de soumission [...], elles sont arrachées des mains de l'homme » (KP1, « Exkurs : Der Wertbegriff erhält seinen Gnadenstoss durch die sog. Werttheorie »). Ici, Anders fait le choix de l'humanisme avec Fichte et Nietzsche. Sur cette question des valeurs, Anders est du côté de Fichte et Nietzsche et tous trois, donnant l'initiative au sujet individuel humain, incarnent un pôle humaniste, même si les valeurs que Fichte et Nietzsche défendent ne sont pas celles de l'humanisme historique. Si la question des valeurs occupe beaucoup Anders dans les années 1940, il n'est pas dupe quant au discours sur le « déclin des valeurs » : il le considère comme un « bavardage » et considère qu'en être à « parler de "valeurs" [est] déjà un déclin » (HSM, p. 53).

Éclair 2 : Critique de l'impératif catégorique, généalogie sceptique de la morale et contradictions...

Une condition préalable à tout humanisme déclarant que c'est l'homme qui crée les valeurs est l'affirmation de la mort de Dieu. Là où Heidegger cherche à se rassurer en disant que la mort de Dieu est un événement dans « l'histoire de l'Occident déterminée par la métaphysique »[5], un événement purement intellectuel donc, Anders, pensant concret, Anders qui dit plaisamment croire en la non-existence de Dieu, y voit surtout la ruine du fondement des morales hétéronomes, les morales qui ont besoin d'un fondement, celles qui ne tiennent que parce qu'elles sont soutenues. « Nietzsche

---

■ 5. M. Heidegger, « Le Mot de Nietzsche "Dieu est mort" », dans *Chemins qui ne mènent nulle part*, trad. fr. W. Brokmeier, Paris, Gallimard, 1962, p. 258.

a perçu la monstruosité d'un commandement sans commandant » (KP1, § 26). Une fois que l'on a compris que ces morales hétéronomes ne reposent plus sur rien, que ce que l'on a longtemps appelé Dieu n'est plus rien, elles n'apparaissent plus que comme des constructions infondées. Nietzsche est « le seul à avoir percé à jour la monstruosité du "devoir-être" autonome, c'est-à-dire à avoir compris qu'en abandonnant Dieu, on abandonnait aussi la sanction des valeurs » (KP1, § 26). Anders reconstitue le raisonnement de Nietzsche comme suit : « Comme il voyait derrière le devoir-être un commandement, derrière le commandement, Dieu qui commande, mais qu'il considérait que Dieu était "mort", il était assez conséquent pour demander : "Pourquoi doit-on vouloir ?"» (KP1, § 26). Après, poser la question est une chose, aller jusqu'au bout de ses implications en est une autre. « Bien sûr, même Nietzsche, qui était seul à soutenir ce pyrrhonisme moral (à l'exception de quelques approches similaires chez Hebbel, les Russes, Stirner, etc.), n'était pas toujours à la hauteur de son avancée vers le scepticisme le plus extrême » (KP1, § 26). Pas toujours, peut-être, mais

> Ce qui rend problématique l'humanisme nietzschéen, c'est le choix de valeurs qu'il fait.

il n'en reste pas moins qu'il est le seul à être allé jusqu'à un scepticisme vraiment conséquent sur la légitimité de la morale. Pendant, avant et après cette avancée, la morale autonome, ou plutôt l'idéologie de la « morale autonome », a bien sûr régné dans toute la société [...], personne n'osait remettre en question la légitimité de sa prétention à la « sainteté ». La critique morale de Marx, contenue dans toute son œuvre, démasque certes la morale dominante, en partie comme un instrument des intérêts de la classe dominante, en partie comme un abus intéressé de vocabulaire moral, mais la question « Pourquoi doit-on devoir ? », « Pourquoi doit-on "créer" un monde plus juste[6] ? » — il ne la pose pas vraiment (KP1, § 26).

Sur le plan de la morale, Nietzsche a poussé le soupçon plus loin que Marx : là où Marx démasque une morale particulière, la « morale dominante », Nietzsche, lui, démasque la morale en tant que telle...

Cette lecture de Nietzsche en sceptique conséquent va cependant adresser un reproche majeur à l'auteur de *La Généalogie de la morale*. Si Marx n'a pas été assez loin dans sa critique de la morale, il a bien vu, lui, qui dominait qui... S'étant égaré sur les rapports de domination qui traversent la société, Nietzsche a construit un idéal « schillérien » : il a proposé le surhomme, le dépassement de l'« homme du devoir » vers l'« homme du vouloir », comme

---

■ 6. Pour Anders, dans la situation de l'après-guerre, la question ultime n'est plus « Pourquoi devons-nous devoir ? » mais : « Quel sens cela peut-il avoir qu'il y ait une humanité plutôt qu'il n'y en ait pas ? ». Cette question, il la trouve « pleine de sens dans le domaine de la raison théorique (même si elle est irresponsable), mais elle est en revanche inintéressante pour la "raison pratique". Elle ne concerne pas le moraliste. Il se contente de l'avant-dernière. Et il peut s'estimer heureux s'il arrive à faire quelque chose pour l'avant-dernier degré » (OH2, p. 388). Il croisera un commentaire de cette question par Nietzsche en lisant l'aphorisme n°515 de *La Volonté de puissance* dans N1 (p. 459) et ira jusqu'à faire de Nietzsche « le seul penseur qui a parlé de la contingence de notre existence » (K, p. 12). Anders commente aussi l'aphorisme n°751 de *La Volonté de puissance*, qui va dans le même sens, en K, p. 215).

idéal, comme faux idéal, un idéal abstrait et sans « instruction concrète ». Il a dit quelle fin il fallait viser (que les dominants reprennent le dessus sur les dominés), mais il n'a pas dit comment l'atteindre. Du coup, aussi puissante qu'ait été l'offensive de Nietzsche contre la morale, sa théorie « était en même temps une apologie des rapports existants en tant que rapports de force, puisqu'il "exigeait" que ce soit celui qui détient réellement la puissance qui commande légitimement. C'était également une justification métaphysique de l'impérialisme » (KP1, § 26) [7] :

> Il est bien plus difficile de résister à un doute extrême que d'aller de l'avant. [Nietzsche] a lui-même créé un « idéal » pour le « surhomme » (bien que ce dernier ait été conçu à l'origine comme l'homme qui dépasse la question du devoir et qui, au lieu de devoir, « veut »), un « idéal » au sens schillérien du terme, car malgré ses idées occasionnelles sur le dressage, Nietzsche n'a donné aucune instruction concrète pour la transformation « révolutionnaire » de l'humanité en une surhumanité. De plus, bien qu'il ait démontré que la morale est un ordre donné d'homme à homme, il a minimisé sa découverte en affirmant de manière contradictoire que c'est le dominé qui donne cet ordre au dominant, et non l'inverse. » (KP1, § 26)

Ce qui rend problématique l'humanisme nietzschéen aux yeux d'Anders, c'est le choix de valeurs qu'il fait, choix de valeurs qui ravale son audace au rang d'une idéologie. Sur la question de la domination, Anders, auditeur des cours de Kojève sur Hegel, commence par postuler que le dominant domine le dominé mais que le dominé peut inverser la situation. Nietzsche, lui, commence par postuler « contradictoirement » que c'est en réalité le dominé qui domine le dominant et que c'est au dominant d'inverser la situation. Hegel (et Marx) donne(nt) au dominé l'espoir qu'il peut renverser sa situation ; au cas où il voudrait renverser sa situation, Nietzsche lui dit : Il n'y a rien de noble dans ton projet, tu n'es mû que par le ressentiment.

Éclair 3 : Homme, homoncule et surhomme

Les surhommes nietzschéens ne sont bien sûr pas les Titans de la technique (OH1, 266 [8]). « L'idée de surhomme de Nietzsche […] ne signifiait à l'origine rien

---

■ 7. Mee, un des personnages de *La Catacombe de Molussie*, est une sorte de Zarathoustra qui est le conseiller roublard voire pervers d'un prince. Dans le roman, il est dit que Régedié (Heidegger) ressemble à Mee au point que l'on pense qu'ils sont une seule et même personne (CM, 279 et 283)…

■ 8. Sur le nietzschéisme de Jünger, voir UH, p. 148. — On peut consulter, au Literaturarchiv de l'Österreichische Nationalbibliothek de Vienne, les deux tomes du *Nietzsche* de Heidegger (Pfullingen, Neske, 1961) que possédait Anders (cote : 1, 914.934-B. Lit-1 et 2). Ils sont annotés et précieux du fait que, de Heidegger sur Nietzsche, Anders ne cite dans UH que « Le mot de Nietzsche : Dieu est mort » (p. 283). Ce n'est pas tant l'interprétation heideggérienne de Nietzsche qui intéresse Anders dans ces deux volumes que ce qui des présupposés idéologiques et philosophiques de Heidegger apparaît à l'occasion de cette lecture. Heidegger a présenté ses cours sur Nietzsche comme « une explication [avec le nazisme] et une résistance spirituelle [au nazisme] » (lettre de Heidegger au rectorat de l'université Albert Ludwig de Fribourg du 4 novembre 1945). Ces volumes, qui contiennent des cours faits entre 1936 à 1946 mais pas tous les travaux que Heidegger a consacrés à Nietzsche (sur ce point, voir M. Haar, « L'Adversaire le plus intime », dans *La Fracture de l'histoire*, Grenoble, Jérôme Millon, 1994, p. 189) sont à défaut d'être l'explication et la résistance spirituelle promises, un parcours avec Nietzsche. En lisant ce livre, Anders repère une annulation du différend Nietzsche-Wagner au profit d'un rapprochement (N1, p. 86), des éléments de « mystique nationale » qui veulent que le conflit de l'apollinien et du dionysiaque soit un conflit allemand (N1, p. 100) mais, en lieu et place de l'explication et de la résistance spirituelle promises, il trouve un « concept impérialiste de l'être »

d'autre que l'homme qui voit clair dans l'absence de fondement et de sanction de la morale et qui est assez fort pour vivre sans base »[9]. C'est à Nietzsche qu'Anders fait remonter l'idée d'une non-fixation de l'homme (HSM, p. 17[10]). Une singularité de la réflexion d'Anders sur le sujet individuel humain tient à ce qu'il le pense à partir d'une lecture (schellingienne) de Fichte[11]. Fichte, avec Descartes et Kant, est l'un des « précurseurs » que Husserl désigne à la phénoménologie[12]. Anders, lui, pense l'histoire de la philosophie moderne et contemporaine en Allemagne à partir de l'autoposition fichtéenne du moi qu'il considère comme la vérité de l'idéalisme, c'est-à-dire de la modernité philosophique en tant que métaphysique de la subjectivité et, pour distinguer ce moi autoposé, ce « self-made-man métaphysique » (OH1, p. 40) — homme créé par l'homme et pris seulement dans des rapports interhumains —, de l'homme tel que conçu par les théologies, il a recours à la catégorie d'« homoncule ». Sous la plume d'Anders, le mot « homoncule », mot ayant toute une histoire qui va de Paracelse à l'Idéalisme allemand en passant par Goethe (voir OH1, note 2, p. 38 *sq.*), renvoie à la création de l'homme par lui-même, à une forme d'*hybris* en provenance de l'Antiquité, relayée par l'alchimie (l'« homme sans monde » des alchimistes est fait « de sperme (= forme) sans mère (= matière), il est fait sans rien de matériel, sans monde » [WM, p. 328]), passant par Fichte, Schelling, Marx, Nietzsche et Heidegger pour finir par se retrouver, selon Anders, dans la modernité technique sous la forme de la honte prométhéenne, du « rejet de l'être-né » (OH1, note 2, p. 38 *sq.*). C'est une tendance qui vient du fond d'une culture, que l'on peut

(« Chaque vouloir est un vouloir être-plus » [N1, p. 61]), une légitimation du monde tel qu'il est, c'est à-dire en proie à (1) une machinalisation rendant possible « la domination de la Terre » et à (2) une « sélection des races […] métaphysiquement nécessaire » (N2, p. 247), au point de faire de Hitler l'*Idealtyp* de l'humanité assumant la transvaluation des valeurs (N2, p. 37) et de justifier qu'« à la fin de la métaphysique s'inscrit la proposition "*homo est brutum bestiale*" » (N2, p. 160). Il finit par traiter Heidegger de nazi à deux reprises (N2, p. 244 et 261). Il le dit aussi « délirant » — lorsqu'il prend au sérieux l'éternel retour, cette idée fixe et délirante de Nietzsche (N1, p. 308, K, p. 304 *sq.*) qu'il transforme en « un temps paraclétique » (UH, 309) et de l'apparition duquel il fait un événement épochal, celui qui fonde la métaphysique moderne (K, 100 *sq.*et 188) — et « bête » — lorsqu'il expose une conception de la justice qui ravale celle-ci au rang de droit du plus puissant (N1, p. 503 et 505, N2, p. 260). Les complaisances de Heidegger envers la religion chrétienne retiennent aussi son attention. Heidegger célèbre la persistance du catholicisme (N2, p. 342), fait l'éloge de la croyance comme libre rapport au réel (N2, p. 341), remet en cause l'athéisme de Nietzsche (N1, p. 253) et l'athéisme en général (N2, p. 66) et déclare que « l'ontologie est en même temps nécessairement théologie » (N2, p. 379). Anders s'interroge également sur l'identification de l'être à la vie (N1, p. 416) et, en particulier, à partir de la façon dont Heidegger commente l'aphorisme n°582 de *La Volonté de puissance* (N1, p. 69 et 518) : si l'être n'est pas identique à la vie, le *Dasein* n'est pas identique à l'homme et l'analytique existentiale n'est pas une anthropologie. Heidegger lui-même semble en douter qui se demande : « Cette distinction de l'être et de l'étant est-elle une disposition de la nature, voire le moyen de la disposition naturelle de l'homme ? » (N1, p. 192). Anders relève des propos racistes et antisémites, une idéalisation (aux accents jungérien N2, p. 102) du combat (même l'entente est pensée comme un combat, le plus dur des combats, N1, 449), de l'ironie à propos du pacifisme (N1, p. 449) et, dans la lignée de son étude de 1948, l'utilisation de métaphores pseudo-concrètes (N1, p. 478 *sq.*). Bref, pour Anders, l'interprétation heideggérienne de Nietzsche est traversée d'éléments idéologiques et de réflexions philosophiques tels qu'elle ne saurait valoir comme l'explication et la résistance spirituelle promises.

■ 9. G. Anders, *Religion im 19. Jahrhundert*, LIT 237/W 65.

■ 10. Voir F. Nietzsche, *Par-delà bien et mal*, dans *Œuvres philosophiques complètes*, trad. fr. C. Heim, I. Hildenbrand et J. Gratien, Paris, Gallimard, 1971, t. VII, p. 77) où l'homme est défini comme « l'animal dont le caractère propre n'est pas encore fixé ». — Dans l'introduction à HSM, Anders rappelle l'origine nietzschéenne de cette « définition » et le fait qu'elle n'est ni de lui ni de Gehlen (HSM, p. 17).

■ 11. Voir OH1, p. 38. Pour une interprétation concrète, voir ÜH, p. 173

■ 12. Pour un rapprochement de la constitution husserlienne et de la position fichtéenne, voir ÜH, p. 86 et 174.

désigner comme la culture ancestrale de l'humanité, et qui semble arriver à une formulation consciente dans la philosophie moderne, chez Fichte. L'autoposition fichtéenne du moi permet de penser un moi libre qui se pose et pose le monde et, à partir du moment où l'on en fait le geste fondateur d'une tradition, elle permet d'interpréter les philosophies de Stirner, Marx, Husserl, Heidegger ou… Nietzsche ainsi que la modernité technique (qui est la négation de cette subjectivation ou individuation autonome).

Comme toutes les déterminations modernes et contemporaines du sujet individuel humain, le surhomme nietzschéen est un rejeton du moi fichtéen…

Quand Anders compare des philosophies, ce n'est pas seulement les solutions techniques qu'elles apportent à tel ou tel problème qu'il compare, c'est aussi leur concrétude :

> Tandis que Fichte oppose son je conquérant non né, créateur de lui-même et créateur du monde, à la noblesse de naissance, Nietzsche, lui, vit déjà à une époque où les individus bourgeois sont devenus un fait vulgaire. Il doit dès lors, d'une certaine manière, ré-adouber le je : d'où ses coquetteries avec toutes les cultures aristocratiques, sa prédilection pour l'adjectif « distingué ». Pour lui, cette noblesse n'est bien sûr pas garantie par la naissance, au sens de l'origine sociale, et encore moins par les droits de l'homme ; mais seulement soit par le fait naturel convaincant de grandes et puissantes personnalités, soit par le nouveau genre du surhomme qu'a fabriqué l'homme lui-même […]. Le surhomme est en quelque sorte le capitaine d'industrie métaphysique qui s'élève au-dessus des je de la classe moyenne de Fichte et de Stirner par son absence de scrupules et sa « volonté de puissance ». En effet, chez Nietzsche, le mot qui désigne la production d'homoncules est prononcé pour la première fois sans honte ; et il n'est plus tiré du vocabulaire logique ou architectural (comme « poser », « constituer ») : ce mot, c'est « *züchten* », dresser (ÜH, p. 174) [13].

Chez Nietzsche, la production des homoncules, c'est paradoxalement la production des surhommes — qui ne sont plus de petits hommes, des hommes faibles, mais des hommes forts — et la production des surhommes, c'est le remède à la situation de décadence dans laquelle la morale a plongé l'homme, c'est le projet d'élever, de dresser des hommes de telle sorte qu'ils affirment leur maîtrise sur les autres.

Éclair 4 : Le surhomme comme remède à l'homme décadent et la culture comme possibilité pour l'homme de compenser ses faiblesses

Dans le cours d'anthropologie philosophique qu'Anders a donné en 1949 à la New School for Social Research, il examine les principes de l'anthropologie philosophique à la lumière du premier *Discours* de Rousseau mais aussi de divers livres de Nietzsche. Dans *Le Cas Wagner*, Nietzsche décrit le décadent

■ 13. Sur l'arrière-plan darwinien de la théorie nietzschéenne du surhomme, voir WM, p. 329.

comme celui dont l'instinct est affaibli [14]. Dans son cours, Anders commente :
« On dirait que l'homme est dans une certaine mesure un être plus faible que
les autres créatures […] (Cette faiblesse est indéniable). Nietzsche : l'homme,
l'être dont les instincts sont affaiblis, l'animal décadent » (KPPA, s. p.). Ce n'est
pas l'homme contemporain de Nietzsche qui est contraint à la compensation
parce qu'il est décadent, c'est l'homme même de l'anthropologie philosophique,
d'Aristote à nos jours, qui est pris dans une logique de compensation :

> Tous ses dons spécifiques ne sont, pour ainsi dire, que des témoignages de
> ses défauts. Il a (1) la raison – parce que son instinct est terriblement faible ;
> il est un besoin de raison. (2) Des bras – parce qu'il n'est pas assez rapide
> ou puissant sans eux. (3) Des maisons – parce qu'il n'est pas assez endurci
> pour vivre dans la nature. (4) Une cuisine – parce qu'il a un estomac faible
> délicat. » (KPPA, s. p.)

Ce tableau, Anders le résume ainsi : « Bref : si l'on a quelque chose, cela
prouve que l'on en a besoin. L'homme a l'intelligence, etc. » (KPPA, s. p.).
Dans cet étonnant cours, Anders compare non pas sa propre anthropologie
à celle de Nietzsche, mais celle de Nietzsche à la sienne : « Comme [mon
anthropologie], [la sienne] part du besoin humain. C'est en ramenant tout
acte, toute production à un besoin – donc à […] une faiblesse – que l'on
donne aux actes, aux productions leur valeur » (KPPA, , s. p.). Si leur point de
départ est le même (l'homme a des besoins [15]), Anders considère qu'il décrit
objectivement cette situation initiale alors que Nietzsche l'interprèterait en
en omettant une partie :

> [Nietzsche] omet juste l'autre fait, à savoir que l'homme est capable de se
> hisser à la hauteur de ses défauts. […] Il serait donc tout aussi légitime
> de formuler les choses ainsi : l'homme est l'animal qui peut se permettre
> des faiblesses [parce qu'il peut les contrebalancer]. […] Rectifions par
> conséquent l'interprétation de Nietzsche […] car la formule « l'homme peut
> se le permettre » est trop modeste. Pourquoi est-elle trop modeste ? Parce
> qu'elle implique qu'il est juste capable de compenser sa faiblesse. Et cette
> implication est tout simplement incorrecte. Il ne fait pas seulement « de son
> mieux » avec sa faiblesse, il en fait quelque chose de bien meilleur que sa
> co-créature prétendument supérieure (KPPA, s. p.).

À Nietzsche, Anders oppose une anthropologie des plus anthropocentrées
qui hisse l'homme au-dessus de ses « cousins », les « singes anthropomorphes »,
le replace au centre du vivant en affirmant qu'il « est de loin l'être le plus
favorisé » et neutralise, par conséquent, l'opposition faible/fort en insistant
sur la force que constitue la culture, sur les capacités qu'elle donne à l'homme.

[…] notre formule : l'homme peut faire quelque chose de ses défauts,
rend encore un son non philosophique. Elle sonne comme s'il existait une

---

■ 14. F. Nietzsche, *Le Cas Wagner*, dans *Œuvres philosophiques complètes*, t. VIII, trad. fr. J.-C. Hémery, Paris, Gallimard, 1974, p. 28 *sq.*

■ 15. Dans « Une interprétation de l'*a posteriori* » (1934), Anders pense le rapport de l'homme au monde comme un mode déficient de l'« adéquation au besoin » de l'animal (UIA, p. 66 et 68) et, plus tard, dans « Bedürfnis und Begriff » (1936-1938), il pensera même les catégories de la pensée à partir du besoin (WM, p. 223 *sq.*).

succession : d'abord vient le défaut, puis vient l'acte d'ajustement. Mais il faut abandonner l'idée d'une telle succession, ne serait-ce que parce que nous ne savons rien de la manière dont l'homme est devenu homme. De plus, aucun défaut ne suffit à expliquer le remède qu'on lui a apporté ; un bas filé ne se répare pas tout seul. Si Nietzsche avait raison, tous les mollusques auraient une armure, car leur surface molle et nue est certainement une faiblesse [...]. Bref, les capacités de l'homme ne sont pas la preuve de ses faiblesses ; mais ses faiblesses sont [...] la preuve de ses capacités » (KPPA, s. p.).

Au couple nietzschéen homme décadent/surhomme, Anders — dialoguant en tant que philosophe de la culture avec Nietzsche et n'hésitant pas au passage à le corriger — oppose une image de l'homme capable de surmonter en lui-même ses faiblesses. Grâce à la culture. « L'homme fait quelque chose de ses défauts », explique Anders à ses étudiants américains et, reprenant le fil de son cours d'anthropologie philosophique après cette parenthèse critique sur Nietzsche, il s'assure qu'ils ont bien compris que c'est par son concept de culture que son anthropologie diffère de celle de Nietzsche : « Vous reconnaissez notre définition de la culture » (KPPA, s. p.). Tout homme, grâce à la culture, est en quelque sorte un surhomme : la culture est une force en lui qui lui permet de se dépasser et de dépasser le monde.

Éclair 5 : Critique de la culture et critique de la civilisation

Anders semble s'être toujours intéressé à Nietzsche, mais il faut attendre les années 1940 pour le voir formuler une critique de la civilisation qui « balance » entre Rousseau [16] et Nietzsche, des philosophes qu'il qualifie, comme Platon ou Tolstoï de « véritables critiques de la culture » (KP1, « Einleitung I »). Si la philosophie d'Anders est si flamboyante, c'est, entre autres, parce qu'y coule de la lave issue de ces deux volcans en apparence irréconciliables [17]. Le projet d'Anders est de défendre la culture — « par souci de la culture » — contre son déclin, sa dégénérescence en « valeurs culturelles » et, c'est dans ce cadre qu'il voit en Nietzsche un possible allié dans sa lutte contre la culture dominante, contre la civilisation technique dans laquelle l'art, la religion, etc. sont devenus des valeurs culturelles (KP1, « Zum Vorwort »).

Qu'est-ce qu'une culture ? Qu'est-ce qu'une civilisation ? Ces questions nietzschéennes sont aussi des questions andersiennes.

■ 16. Le rapport d'Anders à Rousseau mériterait un autre article. Il viendrait, aux côtés de celui de M. Abensour, « La Radicalité contre le progressisme. Rousseau – Adorno » (dans K. Genel (éd.), *La Dialectique de la Raison. Sous bénéfice d'inventaire*, Paris, Éditions de la Maison des sciences de l'homme, 2017, p. 171 *sq.*), préciser l'importance de Rousseau pour le type de critique de la culture qu'a pratiqué la première génération de la Théorie critique.

■ 17. Pour Anders, la question est réglée : que cela plaise ou pas, Nietzsche est un fils de Rousseau : « Au fond, comme toute philosophie après le premier *Discours*, [la philosophie de Nietzsche] est une pièce de la discussion inaugurée par Rousseau. La devise qu'il utilise, le vers d'Ovide : "*Barbarus hic ego sum quia non intelligor illis*" – vaut pour tous ceux qui ont apporté un prolongement essentiel à la critique, désormais bicentenaire : pour Nietzsche comme pour Tolstoï. Et si Jean-Jacques prédit d'emblée : "Je prévois qu'on me pardonnera difficilement le parti que j'ai osé prendre. Heurtant de front ce qui fait aujourd'hui l'admiration des hommes, je ne puis m'attendre qu'à un blâme universel" – c'est à quelque chose de semblable que doit se préparer tout plus petit [que Rousseau] qui, avec des moyens incomparablement plus faibles, tente d'avancer ou de reculer dans une direction semblable » (KP1, « Zum Vorwort »).

Il inscrit son anthropologie dans la tradition des critiques de la culture en s'y insérant sur le fond des débats néokantiens sur la valeur (Rickert, Scheler, etc.) et surtout à partir du questionnement à la fois rousseauien et nietzschéen sur la culture et la civilisation.

Pour Nietzsche, une culture, c'est un ensemble de valeurs qui possède une « unité de style » et donne son homogénéité à un peuple [18] ; une civilisation, c'est une culture qui étouffe les instincts et valorise des affects comme la mauvaise conscience ou le ressentiment [19].

Anders, lui, ne définit pas d'abord une culture comme un ensemble de valeurs, mais, comme une *Kultivierung*, « au sens de *colere* », « un processus de transformation du monde pour satisfaire les besoins humains » (KP1, Zweiter Teil. Kultur. « Kultur wird "Gebiet" entweder durch Monopol oder durch Ausschluss von der Macht »). Au début — et là on est dans l'anthropologie philosophique — l'homme transforme la nature en culture. Il crée un monde et c'est ce monde qui va être transformé en culture. C'est la classe dominante qui assure la direction de cette transformation du monde en culture, puis les cultures vont se multiplier et celle qui dominera les autres leur imposera de se tolérer les unes les autres et les ravalera ainsi au rang de valeurs culturelles. Là, l'anthropologie philosophique s'efface derrière la *Kulturphilosophie* et laisse celle-ci appréhender le monde de la civilisation et des valeurs culturelles.

La civilisation, Anders lui donne une signification négative au carrefour de Rousseau et de Nietzsche. C'est en comparant sa propre anthropologie à celle de Rousseau, dans son cours de *Kulturphilosophie* de 1949, qu'il précise ce qu'il entend par civilisation : « [...] nous admettons nous aussi que la puissance est la condition historique et la base de la civilisation ; nous ne condamnons pas la civilisation à cause de son origine : nous espérons plutôt que la civilisation encore enfant sera, un jour, capable de se venger de son origine sanglante » (KPPA, s. p.). La civilisation est une culture qui impose violemment sa domination aux autres cultures et crée ainsi une situation telle qu'elle fait naître une envie de vengeance qui, si elle n'aboutit pas, peut dégénérer en ressentiment. Du coup, qu'est-ce qui relève de la culture ? Et qu'est-ce qui relève de la civilisation ? « L'organisation d'une bonne alimentation pour les enfants est par exemple un acte culturel au sens non métaphorique du terme, bien qu'une chanson triste sur un enfant affamé soit généralement considérée comme relevant davantage de la culture que la nutrition des enfants. Parler d'un besoin culturel spécifique à ce stade de notre exposé n'aurait donc aucun sens » (KP1, s. p.). L'exemple est repris dans un aphorisme des *Sténogrammes philosophiques* intitulé « Culture et civilisation » : « Rien n'est plus barbare que la distinction entre culture et civilisation. Un chant sur les enfants affamés passe pour un bien culturel ; une organisation pour la nutrition des enfants, pour un acquis de la civilisation » (SP, p. 72).

■ 18. F. Nietzsche, *Considérations inactuelles*, I, dans *Œuvres philosophiques complètes*, trad. fr. P. Rusch, Paris, Gallimard, t. II, 1, p. 22 et *Fragments posthumes été 1872-hiver 1873-1874, ibid.*, 19 [41], p. 186.
■ 19. F. Nietzsche, *Fragments posthumes automne 1887-Mars 1888*, dans *Œuvres philosophiques complètes*, trad. P. Klossowski, Paris, Gallimard, t. XIII, p. 142.

Dans le tapuscrit-manuscrit *Kulturphilosophie* (1942-1948) sur lequel s'appuie le cours de 1949, Anders se décide à qualifier la technique de civilisation, de civilisation barbare : « Il est évident que le risque de barbarie augmente avec la croissance de la civilisation technique. Non pas parce que l'homme est plus mauvais en soi, ou parce qu'il devient plus mauvais à cause de ses produits, mais parce que la distance entre l'homme et ses objets augmente » (KP1, § 3, voir aussi VL, p. 159 *sq.*). Il persiste et signe ailleurs et présente le projet des *Obsolescences…* comme une critique de la civilisation technique (OH2, *passim* ; VL, p. 137 *sq.*).

Éclair 6 : Le nietzschéisme des *Obsolescences…* : être nietzschéen dans les années 1950

On n'a jamais pensé le néant comme les années 1950 ont permis de le penser, à savoir comme un « "véritable non-être", un néant si pur que, comparé à lui, tout ce dont nous avons jusqu'à présent parlé sous le nom de "non-être" ferait l'effet d'une plaisante variante de l'être » (MN, p. 253). Le néant a une histoire[20], « le désert croît », comme disait Nietzsche. Si le néant est désormais plus pur que le néant laissé par la mort de Dieu, la lecture de Nietzsche en sceptique conséquent demande à être actualisée. Qu'est-ce qu'être un sceptique conséquent en 1956 ? Quel nietzschéisme peut-on construire pour être à la hauteur de ce néant plus pur ? Ce que j'entends par « nietzschéisme », c'est une construction empruntant des éléments à Nietzsche et les articulant à d'autres éléments étrangers à la pensée de Nietzsche, voire incompatibles avec elle. Mon idée n'est pas de retapisser la pensée d'Anders en « nietzschéisme de gauche »[21] – Nietzsche n'est pas « de gauche » ; Anders, quant à lui, a une façon très libre et très singulière d'être « de gauche » –, mais seulement de voir quelle « inspiration nietzschéenne » traverse les *Obsolescences…* Au tout début de son grand *Nietzsche*, Deleuze, abordant la pensée de son auteur par la question des valeurs et dénonçant les conformismes et les soumissions que la théorie des valeurs a pu engendrer dans la philosophie moderne, comme Anders a pu le faire en dénonçant l'inconséquence de Scheler sur ce point (Éclair 1), déclare que « même la phénoménologie a contribué par son appareil à mettre une inspiration nietzschéenne, souvent présente en elle, au service du conformisme moderne »[22]. Force est de reconnaître que Heidegger n'a pas donné écho à la révolte de celui qui disait être « de la dynamite » ; il s'est conformé. C'est plus compliqué dans le cas de Scheler : il y a de la révolte dans *L'Homme du ressentiment*, c'est indéniable, mais c'est une révolte à la Bloy ou à la Bernanos, qui court après une authenticité chrétienne dont

---

■ 20. Voir L. Lütkehaus, *Nichts*, Zurich, Haffmans Verlag, 1999.

■ 21. Sur cette question, voir J. Bouveresse, *Les Foudres de Nietzsche et l'aveuglement des disciples*, Paris, Hors d'atteinte, 2022. — Sur Nietzsche et le socialisme, voir la « fiche » mentionnée note 1. – Sur Nietzsche et Marx : « La proposition très fréquente aujourd'hui de coordonner l'instinct de puissance avec la faim conçue comme instinct fondamental (c'est-à-dire en quelque sorte de rassembler Nietzsche et Marx par un "et") est tout à fait insuffisante sur le plan philosophique », KP1, § 7 et K, p. 221 *sq.* – Sur Anders parlant de Nietzsche à un « marxiste » : « […] je n'ai jamais eu le courage de prononcer le nom de Nietzsche devant Brecht pour affirmer qu'il avait été l'un de ses ancêtres. Il m'aurait fichu dehors » (HSM, p. 160). Assumer que l'on vient de Nietzsche et que l'on prend plaisir à lire ce démagogue (K, p. 118 et 216) et ce pompier pyromane (K, p. 233) n'est pas toujours évident en marxiste compagnie…

■ 22. G. Deleuze, *Nietzsche et la philosophie*, Paris, P.U.F., 1962, p. 1.

le « stupide XIXe siècle » s'est, selon lui, montré incapable. Anders, rejeton de la phénoménologie, a gardé l'inspiration nietzschéenne présente dans sa *Kulturphilosophie* (Éclair 4) jusque dans les *Obsolescences*… et s'en est servi pour produire une philosophie résolument anticonformiste allant jusqu'à qualifier le conformisme de « terreur douce » et invitant à le refuser avec l'âme tout entière (OH2, p. 131).

Essayons de lire les *Obsolescences*… comme des livres traversés par une « inspiration nietzschéenne ».

La question nietzschéenne : « Pourquoi doit-on devoir ? », Anders la repose à nouveaux frais dans le tome I de *L'Obsolescence*… C'est « la question fondamentale du nihilisme » (OH1, p. 360) et il la développe ainsi : « Sur quel fondement pourrait-il encore exister, à l'intérieur d'un cadre qui lui-même reste suspendu dans le vide moral et non sanctionné, quelque chose comme une obligation morale ? » (OH1, p. 360). Les dernières pages de ce livre me semblent le désigner comme s'inscrivant dans le sillage de la lecture de Nietzsche dont je viens de rappeler certains traits. Son projet est de dessiner, en 1956, les contours d'un nietzschéisme conséquent et actuel…

Le contexte n'est plus celui dans lequel Nietzsche a entrepris de critiquer la culture de son époque. La révolte des *Considérations inactuelles* n'est plus une révolte des années 1950 :

> « La plupart des gens me diront que c'est un sentiment tout à fait pervers, contre-nature, abominable et tout à fait illicite [qui se cache derrière mes *Considérations inactuelles*, qu'elles] essaient de comprendre une chose dont l'époque est à juste titre fière, sa *Bildung* historique, comme un dommage, un résidu et un défaut de l'époque », avertissait le jeune Nietzsche, plutôt sceptique, lorsqu'il fustigeait, il y a soixante-dix ans, non pas les valeurs culturelles — car il ne voyait pas encore la culture dans sa déformation commerciale — mais la surcharge de poids historique inanimé, l'éducation sans rapport avec la vie, comme étant la misère de l'époque. Si Nietzsche avait su alors que le passé, encore considéré comme histoire, deviendrait le stock de luxe anhistorique du monde, que le musée deviendrait un grand magasin, il n'aurait peut-être pas décrit l'état de la culture qu'il fustigeait avec le saint dégoût avec lequel il l'a fait (KP2, « Warnung vor einer falschen Konklusion », s. p.).

Mais il n'y a pas que la « déformation commerciale » de la culture qui change la donne. Après-guerre, on est dans une époque où « la morale bourgeoise a depuis longtemps été sécularisée et l'on ne débat plus de la question de Dieu dans la praxis des sciences […] ni dans celle des techniques, […] la question de la "mort de Dieu" est elle-même "morte" » (OH1, 359). Que veulent dire les existentialistes français, qu'Anders décrit comme reprenant en écho le mot de Nietzsche « Dieu est mort », dans une époque où des annihilistes détenant la bombe peuvent anéantir le monde ?[23] N'ont-ils pas un nihilisme de retard ?

[…] il serait faux de les soupçonner d'anachronisme. Ces nihilistes ne prétendent pas avoir fait une découverte en déclarant que « Dieu est mort ».

▩ 23. Sur ce que signifiait être athée à l'époque de Nietzsche et sur ce que cela signifia après-guerre, voir K, p. 177 *sq.*

Ils ne prétendent pas en tout cas être les premiers à l'avoir faite. Ils veulent seulement signifier ainsi qu'au moment même où le « simulacre » du monde s'écroule, il devient *à nouveau* visible qu'il n'y avait rien à voir derrière ; qu'il n'y avait réellement que le vide ; que celui dont le « simulacre » du monde a pendant si longtemps caché *la* mort a maintenant vraiment disparu. C'est en référence à cette expérience que Dieu est « mort » une seconde fois pour les petits-fils des monistes et des athées (OH1, p. 360).

La situation est telle dans la civilisation technique que les questions de Nietzsche demandent à être reformulées.

De fait, tout ce qui depuis un siècle s'est donné des airs en se présentant comme « *nihilisme* » n'a été, à côté de cette possibilité d'« *annihilation* », que pur bavardage culturel. […] Nietzsche et le grave Heidegger font l'effet de drôles. Peu importe *en quoi* nous croyons ou ne croyons pas, *si* nous croyons en quelque chose ou *si* nous ne croyons en rien : notre statut dans le monde aussi bien que celui acquis par le monde du fait de la technique se sont altérés si fondamentalement que des concepts autres que les concepts religieux ne suffisent plus à les caractériser. (OH2, p. 402)

Le seul concept religieux à la hauteur de la situation est celui d'apocalypse.

La civilisation technique en tant que culture dominante repose sur un couple de valeurs qui avancent main dans la main : le progressisme et la misologie. Qui ne suit pas le Progrès mais lui préfère des chemins obsolètes devrait avoir « mauvaise conscience » (OH1, p. 25) et se sentir conservateur. Dans cette civilisation, l'intellectuel est objet de « ressentiment » et passe pour un prétentieux « ennemi de la démocratie » (OH1, p. 61). Mais les champions du ressentiment, selon Anders, ce sont les annihilistes, prêts à détruire la nature (dont ils font partie) parce qu'ils la trouvent in-fondée. Les questions qui les hantent sont :

Pourquoi le monde et moi, par la même occasion, devrions-nous être plutôt que ne pas être ? Et pourquoi ne devrais-je pas me venger du fait que le monde et moi sommes seulement « là » en tant que « nature » et non en tant qu'expression d'un devoir-être ? Et pourquoi ne devrais-je pas me venger en m'occupant moi-même du non-être, en prenant moi-même en charge l'anéantissement ? Cette vengeance, grâce à laquelle je tirerais une conséquence que la nature elle-même […] ne semble manifestement pas prête à tirer, n'est-elle pas la seule façon d'agir qu'il me reste ? Ne serait-elle pas la seule mesure que je peux encore prendre pour prouver, pour me prouver au moins à moi-même, que j'existe et que je suis autre chose que de la nature ? (OH1, p. 335)

Comment faire émerger une culture de la résistance à la technique dans cette civilisation progressiste et misologue ? Comment faire émerger un contre-ressentiment susceptible de devenir le nerf d'une résistance face à ces Titans annihilistes, Maîtres de la Terre, mais qui, identifiant Terre et nature, veulent finalement se venger d'une Terre qui, bien que leur appartenant, leur semble détestable parce que contingente ? C'est à cette question que répond un texte de 1959 : « Meurtre atomique n'est pas suicide ».

Éclair 7 : Comme le mouvement ouvrier (Marx) ou contre la grande politique (Nietzsche)

Dans ce texte de 1959, qui reprend, prolonge et clarifie certaines pages du tome I de *L'Obsolescence...* (p. 284 *sq.*), Anders se demande si l'on peut penser le mouvement pacifiste sur le modèle du mouvement ouvrier (MN, p. 105). Il voyait une analogie entre la nécessaire transformation du prolétariat en Sujet politique telle que décrite par Marx et la nécessaire transformation de l'humanité en Sujet politique telle qu'il se proposait de la décrire. Pour transformer l'humanité en Sujet politique, il faudrait éveiller en elle « une conscience analogue à la conscience de classe grâce au slogan "Morts en sursis de tous les pays, unissez-vous" » (MN, p. 105). « En un certain sens », écrit-il, c'est ce que lui et les militants antinucléaires essaient de faire (MN, p. 106).

Ces morts en sursis sont toute l'humanité : ce slogan met toute l'humanité dans le même sac :

> [En parlant de « l'homme » ou de « l'humanité » au singulier], tournures qui mettent tous les hommes dans le même sac, on lave de toute faute ou, selon le cas, on rend complices non seulement les coupables mais aussi les milliards d'hommes évidemment innocents. Il serait tout aussi absurde de caractériser le capitalisme par le fait que « l'homme s'y exploite lui-même » que de dire de notre situation apocalyptique que « l'homme s'y menace lui-même » ou va un jour se tuer lui-même. Ces formules font toujours forte impression et ce type de sujets au singulier est toujours très apprécié [...], mais la plupart du temps parce qu'ils peuvent aider à dissimuler les culpabilités réelles (MN, 104).

Le slogan final du *Manifeste du Parti communiste* qui sert de modèle à « Morts en sursis de tous les pays, unissez-vous » suppose les prolétaires qu'il invite à s'unir opposés aux bourgeois, alors qu'ici il n'y a rien qui « distingue » victimes et meurtriers. La seule solution : renoncer au modèle du suicide et opter pour celui du meurtre, qui éveille, à défaut d'une souffrance partagée, la solidarité d'une communauté de destin et peut contribuer à motiver la lutte.

Opter pour le modèle du meurtre [24], c'est réunir des conditions pour faire apparaître un possible affect commun, du ressentiment motivant vengeance [25], chez les « morts en sursis de tous les pays ». C'est une façon de réintroduire de l'affect face à une possibilité, la guerre nucléaire, qui, sinon, resterait supraliminaire, et n'affecterait que très peu de gens. Se sentir menacé, ce n'est pas la même chose que se sentir opprimé. Quand les faibles sont opprimés par les forts, ils ressentent immédiatement de la gêne et de la douleur, ils en souffrent et peuvent décider d'y répondre collectivement puisqu'ils sont en mesure d'identifier leurs ennemis et d'affirmer qu'ils ont bien tous les mêmes ennemis ; quand les faibles sont menacés par les forts, il faut 1) qu'ils ressentent de la peur — ce qui n'est pas immédiat lorsqu'ils sont menacés par une situation supraliminaire — et 2) qu'ils identifient leurs ennemis, les

---

■ 24. Ce choix éclaire la « situation atomique » et rend possible la lutte contre le nucléaire mais ne doit pas faire oublier la singularité de la personnalité de l'annihiliste qui, tout en « tuant » (car l'annihiliste est bel et bien un meurtrier), même s'il tue sans haine, se « suicide ».

■ 25. D. H. Gollwitzer évoque cette question dans sa contribution au débat sur la violence (VON, p. 150).

responsables de cette situation supraliminaire, et décident éventuellement de leur répondre collectivement quand ils seront en mesure d'affirmer qu'ils ont bien tous les mêmes ennemis. Faire ressurgir de l'affect, en l'occurrence du ressentiment motivant vengeance, n'est possible que parce que l'on opte pour le modèle du meurtre.

Seule la conscience d'être menacés par des meurtriers peut faire naître un affect de vengeance, de ressentiment chez les morts en sursis et les amener à s'unir contre ces meurtriers. Cette prise de conscience implique une déconsidération totale de la représentation politique et militaire, qui ne représente plus qu'elle-même, et qui se trouve réduite à une partie (minoritaire) de l'humanité menaçant l'autre (majoritaire) et étant capable de la « tuer » en même temps qu'elle se « suiciderait » (OH1, p. 65). Le projet de motiver la vengeance par le ressentiment, de faire naître la résistance du ressentiment pourrait naître dans la tête d'un socialiste, d'un certain type de moralistes, mais il est aux antipodes de ce que dit Nietzsche[26]. Si l'on veut absolument mettre un nom derrière ce projet, celui du Benjamin de « Critique de la violence » conviendrait bien mieux que celui de Nietzsche[27]. On a l'impression qu'ici, Anders se fait hégélien-marxien et positive la logique que Nietzsche prête aux esclaves pour donner une réponse à la question de l'action politique. Les mots de ressentiment et de vengeance avaient servi à Nietzsche (et à Scheler)[28] à analyser puis à stigmatiser l'égalitarisme ; Anders les reprend dans le but d'engendrer un universalisme dans la perspective duquel tous les humains sont égaux en tant que « morts en sursis » et sont désormais en mesure de renverser les rapports de domination entre les forces en présence : les « morts en sursis-meurtriers-annihilistes » et les « morts en sursis-victimes-futurs annihilés ». Ce sont deux forces réactives portées par des ressentiments différents : les premiers veulent se venger de la nature in-fondée en annihilant la Terre et l'humanité (eux-mêmes compris) et les seconds veulent se venger des premiers. Comme dirait Nietzsche dans son analyse de la morale des esclaves, « le ressentiment devient créateur et engendre des valeurs »[29], des valeurs non-nietzschéennes, puisqu'il va s'agir de sauver tout le monde dans la mesure où tout le monde est jugé digne d'être sauvé…

Il y a tout un jeu sur le thème des derniers hommes dans le tome I de *L'Obsolescence…* Anders fait de la génération de ses parents celle des derniers hommes et de la sienne celle des premiers Titans (p. 267) et associe les derniers hommes à l'apollinien et les Titans au dionysiaque (note 17, p. 267)[30]. Ils n'ont rien à voir avec les derniers hommes dont parle Nietzsche dans *Ainsi parlait Zarathoustra*, si ce n'est qu'ils ont annoncé, eux aussi, d'autres « hommes » :

■ 26. On trouvera une discussion très intéressante de la question « Peut-on dériver la justice de la vengeance, du ressentiment ? » dans le grand *Nietzsche* de Deleuze (*op. cit.*, p. 155 *sq.*).

■ 27. W. Benjamin, « Critique de la violence », *Œuvres*, I, trad. fr. M. de Gandillac, Paris, Gallimard, 2000. Tout comme on peut consulter le *Nietzsche* de Heidegger au Litetarurarchiv de Vienne, on peut aussi consulter les *Schriften* de Benjamin (Frankfurt am Main, Suhrkamp, 1955) sous la cote 1.914.932-B. Ils sont eux aussi annotés.

■ 28. F. Nietzsche, *Généalogie de la morale*, dans *Œuvres philosophiques complètes*, t. VII, *op. cit.*, p. 234 *sq.* ; M. Scheler, *L'Homme du ressentiment*, *op. cit.*

■ 29. F. Nietzsche, *Généalogie de la morale*, dans *Œuvres philosophiques complètes*, t. VII, *op. cit.*, p. 234.

■ 30. Anders associe le dionysiaque aux sociétés industrielles. C'est comme « culte industriel de Dionysos » qu'il caractérise le jazz (OH1, p. 103 *sq.*). On retrouve cette caractérisation des sociétés industrielles par le dionysiaque chez Jean Brun, dans *Le Retour de Dionysos*, Paris-Tournai, Desclée, 1969.

ils ont annoncé à la fois les Titans (les annihilistes) et, dialectiquement, ceux qui luttent contre les Titans, à savoir les surhommes ou ceux qui en tiennent lieu. On se souvient qu'Anders présente les surhommes comme la version nietzschéenne de l'homoncule (Éclair 4) ; sa version de l'homoncule est encore plus grande que celle de Nietzsche puisque ce qu'il aimerait produire, lui, c'est ni plus ni moins que l'humanité comme Sujet politique (MN, p. 105), une surhumanité composée d'apocalypticiens prophylactiques, prévenant l'apocalypse nucléaire en se « vengeant » activement des meurtriers qui la menacent.

On peut caractériser cette action politique vengeresse comme une « grande résistance » à ce que Nietzsche appelle la « grande politique » dans ses derniers fragments [31]. La mise au pas [Gleichschaltung] dont parle Anders et le nivellement [Ausgleichung] dont parle Nietzsche garantissent aux Titans (Anders) et aux Maîtres de la Terre (Nietzsche) plus de volonté de puissance qu'au reste de l'humanité qu'ils menacent. L'étude de Salter, qu'Anders a lue aux États-Unis, lui a ouvert cette vision nietzschéenne du monde : le monde est un « combat », il « consiste en puissances, pas en sujets ou assimilés ». Bref, « d'après Salter, le monde n'est pas réel pour Nietzsche, il n'est que puissance et volonté de puissance » [32].

Compte tenu de l'équilibre des forces, dont la somme doit rester inchangée, constante, égale, dans le combat qui oppose la grande résistance à la grande politique, la première doit faire en sorte de renverser la situation (atomique) et de réunir autour de sa cause plus de volonté de puissance que les Titans érostratiques, ces Maîtres de la Terre andersiens, qui conduisent l'humanité au néant.

Une chose que j'aimerais préciser, en guise de conclusion, est que l'explication d'Anders avec Nietzsche lui donne des éléments pour s'expliquer avec Heidegger. Les choses se sont passées ainsi : Anders a lu le *Nietzsche* de Heidegger puis a retourné Nietzsche contre Heidegger. Le résultat de cette opération est déposé dans *Ketzereien*, recueil d'aphorismes paru en 1996, que l'on peut lire comme un anti-Heidegger jouant Nietzsche contre l'auteur d'*Être et temps*.

Un aphorisme de *La Volonté de puissance* que l'on trouve dans le *Nietzsche* de Heidegger (N1, p. 69 et 518) et qu'Anders ré-utilise contre Heidegger est le n° 582 : « L'être – nous n'en avons pas d'autre représentation que le "vivre". Alors, comment quelque chose de mort peut-il "être" ? » On peut rapprocher de cet aphorisme l'avant-propos du quatrième livre de *La Volonté de puissance* : « Tout être est vie – toute vie, volonté de puissance. Les forces de la volonté qui accumule sans cesse de nouvelles forces, qui veut augmenter et organiser la puissance qui lui est inhérente, sont les explications ultimes pour tout être ». Dans *Ketzereien*, c'est au nom de la vie qu'Anders, qui vient de Husserl, cite souvent Bergson et présente Simmel comme un « précurseur » de sa philosophie de l'occasion, entreprend de critiquer la

■ 31. Sur ce que Nietzsche entend par « grande politique », voir M. Haar, « Institution et destitution du politique », dans *Par-delà le nihilisme*, Paris, P.U.F., 1998, p. 254 sq.
■ 32. Ces éléments proviennent de la « fiche » mentionnée dans la note 1.

philosophie du dernier Heidegger, la méditation sur l'histoire de l'être, qui, alors que l'analytique du *Dasein* d'*Être et temps* parlait de la relation, de l'ouverture d'un vivant – l'homme[33] – à l'être, semble parler, elle, de l'appel d'un « homme » qui n'est plus qu'écoute, obéissance, soumission, par un être transcendant qui lui adresse le requiert et l'utilise. Si ce qui n'est pas vivant n'a pas d'être, qu'en est-il du monde ? D'où tenons-nous que le monde n'est pas un vivant ? La « bouillie » – le plasma germinatif – d'où nous provenons n'est-elle pas un organisme vivant ? (K, p. 56) Nietzsche, c'est la vie, et c'est en tant que tel qu'il est un allié contre le « ridicule primat de l'inanimé sur le vivant », primat que Heidegger partage avec les sciences (K, p. 57). Mais Nietzsche, c'est aussi la rébellion. Anders voit la présence chez Nietzsche du thème de l'*amor fati* – lié à la doctrine problématique de l'éternel retour – comme une contradiction : « Comment a-t-il pu combiner cela avec sa rébellion et son mépris pour toute morale d'esclave ? » (K, p. 236 *sq.*). Cette contradiction, Heidegger ne l'a pas sentie, et pour cause…

Nietzsche, pour Anders, c'est la vie et la rébellion. Quand l'émigrant repense aux échanges qu'il a pu avoir avec son ombre, il se dit : « Nietzsche était peut-être plus cohérent que moi dans son refus de tous les tabous. Mon inconséquence, je l'assume tranquillement, je m'en fiche. Mon "nihilisme" s'arrête ici » (K, p. 135).

Christophe David
Maître de conférences, Université Rennes 2
EA 1279 « Histoire et critique des arts »

■ 33. Un homme problématique décrit comme un « vivant » sans corps (PCPH, p. 85) et dont Heidegger omet des dimensions aussi importantes que la faim ou le sexe (PCPH, note 12, p. 442).

DOSSIER

Günther Anders

REDÉFINIR LES « CHOSES MÊMES » Günther Anders, la « confrontation » avec Heidegger et la tâche d'une « philosophie concrète »

Jason Dawsey

Pendant des décennies, l'objectif de concevoir une « philosophie concrète » a orienté les travaux philosophiques de Günther Anders. Pourtant, il nous faut encore fournir une contextualisation historique et un examen critique de cet aspect crucial de sa pensée. Dans cet essai, j'examine les textes publiés et non publiés (de son vivant) qu'Anders a écrits contre Martin Heidegger à partir de la fin des années 1940. C'est bien dans ces textes qu'Anders explicite et détaille ce qu'est pour lui une philosophie de la « concrétude ». Cet article nous permettra, du moins je l'espère, de faire apparaître la philosophie d'Anders et de mieux discerner comment s'est formé le système d'idées qui sous-tend l'*opus magnum* d'Anders, *L'Obsolescence de l'homme*.

Parmi les nombreux aspects fascinants de l'*opus magnum* de Günther Anders, *L'Obsolescence de l'homme*, ses remarques en vue d'une « philosophie concrète » peuvent passer inaperçues. Pourtant, cette catégorie est au cœur de l'ensemble de ce projet philosophique en deux volumes qui vise à saisir et à répondre à la dynamique d'obsolescence de l'humanité qu'induit la technologie.

Avant la parution de *L'Obsolescence*, Anders prend contact avec Helmuth Plessner, comme lui un ancien émigré qui a, pour sa part, choisi de revenir en Allemagne (de l'Ouest) après la Seconde Guerre mondiale et a décroché la chaire de sociologie de l'université de Göttingen. Dans sa lettre à Plessner de décembre 1954, Anders s'enquiert de l'endroit où il pourrait obtenir un poste de Professeur en République Fédérale et déclare qu'il a fait sien « un philosopher concret qui ne s'attache pas aux différentes philosophies, mais plutôt aux choses elles-mêmes »[1]. En déclarant cela, Anders exprime sa fidélité à deux principes philosophiques qu'il avait appris trois décennies plus tôt de ses professeurs : l'injonction d'Edmund Husserl à aller « aux choses mêmes » et l'objectif de Martin Heidegger de donner un tour « concret » à la question du sens de l'Être. Ces principes, nés de son immersion dans la phénoménologie husserlienne et dans l'ontologie fondamentale heideggérienne à l'époque de la République de Weimar, Anders entreprend de les refondre dans une anthropologie philosophique de l'être humain pris dans un ordre social entièrement mécanisé – anthropologie qu'il pensait être historiquement appropriée à la période suivant Hiroshima et Auschwitz.

Par la suite, Anders comprend *L'Obsolescence* comme un retour aux « choses mêmes », dans le sens prescrit par la phénoménologie husserlienne. Anders le dit sans ambages : « ce sont les choses mêmes qui décident [*Die Sachen selbst sind ausschlaggebend*] » (OH1, p. 29). Il fait ainsi remarquer que, tout comme les astronomes sont moins intéressés par les débats internes à leur discipline que par les étoiles, les philosophes devraient faire de même (OH1, p. 29).

L'accent mis sur *die Sachen* confère un caractère hybride particulier à *L'Obsolescence*. D'une manière unique en son genre, Anders définit son livre comme « un hybride *de métaphysique et de journalisme* » et un exemple de ce qu'on pourrait appeler « occasionalisme [*Okkasionalismus*] » ou « philosophie de l'occasion [*Gelegenheitsphilosophie*] » (OH1, p. 22)[2]. Un peu plus loin dans l'introduction du volume, il prend ses distances avec les grands bâtisseurs de systèmes philosophiques pour privilégier la poursuite du « spécifique, [du] singulier et [de] l'occasionnel » (OH1, p. 26). Selon Anders, après Hegel, la philosophie académique a abandonné ces préoccupations à des personnalités comme Kierkegaard, Feuerbach, Marx, Darwin, Nietzsche ou Freud (OH1, p. 28). Il insiste sur le fait que son approche philosophique n'est pas destinée à satisfaire les normes de la philosophie universitaire de son temps. Peut-être ne lui accorderait-on même pas le statut de philosophie légitime[3]. Mais les graves problèmes posés par la prédominance croissante de la technologie dans la vie humaine ne peuvent rester confinés au régime spécialisé du philosopher universitaire.

Cette attitude est restée une caractéristique permanente de la pensée philosophique d'Anders. L'introduction du tome 2 de *L'Obsolescence* ainsi que les « réflexions méthodologiques *a posteriori* » qui lui servent de conclusion, publiées vingt-quatre ans après le premier volume, contiennent un ensemble de réflexions théoriques et méthodologiques fécondes, essentielles pour qui étudie l'œuvre d'Anders. Il explique comment il tire son « occasionnalisme » d'« expériences précises » (OH2, p. 10), de « phénomènes très concrets de notre vie actuelle » (OH2, p. 413). Anders rend également hommage à certains précurseurs de cette démarche. Avant la Première Guerre mondiale,

1. Günther Stern, lettre à Helmuth Plessner du 13 décembre 1954 (LIT 237/B 276a).
2. Le meilleur ouvrage sur le sujet est M. Beck, *Günther Anders's Gelegenheitsphilosophie : Exilerfahrung – Begriff – Form*, Wien, Klever, 2017. Pour une autre approche de ce concept, voir M. Lohmann, *Philosophieren in der Endzeit : Zur Gegenwartsanalyse von Günther Anders*, München, Fink, 1996, p. 83-87.
3. C'est là le thème principal des p. 22-30 de OH1.

la théorie sociologique du « très injustement oublié » (OH2, p. 416) Georg Simmel, en particulier son article de 1911 sur « Les Ruines »[4], avait inspiré de nombreux jeunes universitaires de sa génération, intrigués par les possibilités qu'offrait une *Gelegenheitsphilosophie*. L'imagination d'Anders a également été touchée par le célèbre tableau de Vincent Van Gogh représentant une paire de chaussures qui souligne bien tout ce que l'étude d'un seul objet peut offrir (OH2, p. 416). Cette admiration d'Anders pour les réalisations de Simmel et de Van Gogh se manifeste dans le « caractère impressionniste » (OH2, p. 10) des *Obsolescences*.

Ces passages emblématiques démontrent la profondeur et la pérennité de l'attachement d'Anders à la notion de « philosophie concrète ». En les utilisant comme point de départ, nous pourrions facilement remonter jusqu'aux années 1920, jusqu'aux études universitaires d'Anders à Fribourg et Marbourg, lorsqu'il a rencontré pour la première fois Husserl et Heidegger. Remonter ainsi aux années de formation d'Anders pourrait nous permettre de mieux comprendre comment, dès ses débuts, il a été attiré par l'exigence husserlienne d'aller « aux choses mêmes [*zu den Sachen selbst*] », exigence avancée dans les *Recherches logiques* (1900-1901) quelque vingt ans avant son arrivée à Fribourg. Nous serions alors capables de mieux discerner comment certaines critiques de Husserl émergent dans l'œuvre d'Anders, par exemple lorsqu'il analyse l'accent unilatéral que son maître fait porter sur la vision comme mode dominant de perception et, surtout, lorsqu'il conteste l'accent excessif mis sur la conscience dans la phénoménologie husserlienne[5]. De la même manière, nous pourrions revenir sur le terrain beaucoup plus familier du « charme [*spell*] démoniaque » (EJSD, p. 14) qu'a exercé la pensée de Heidegger sur Anders au milieu des années 1920. Ce dernier a en effet été fasciné par la tentative heideggérienne de retrouver la question du sens de l'Être par le biais d'une « analytique existentiale » de l'être humain (c'est-à-dire du *Dasein*), par le concept d'« authenticité », par les brillantes exégèses de Platon, Aristote, Thomas d'Aquin et Kant, et par le large développement d'une « philosophie *concrète* » qui « parle de l'existence [*Existenz*], de *notre* existence, de l'angoisse [*Angst*], du souci et de l'ennui »[6], pour citer Herbert

---

4. G. Simmel, « Les Ruines, un essai d'esthétique », dans *La Parure et autres essais* (1919), trad. fr. M. Collomb, Ph. Marty et F. Vinas, Paris, Éditions de la Maison des sciences de l'Homme, « Philia », 1998. Pour ceux qui connaissent l'article d'Anders « Ruinen heute », la dette de ce dernier envers Simmel est déjà bien connue, voir G. Anders, « Ruinen heute », *Merkur* 8, n°75 (1954), p. 447-454. Une version plus longue de ce texte a été publiée dans JER, p. 245-295.

5. Voir EJSD, p. 23-25. La thèse d'Anders, écrite sous la direction de Husserl, était de son propre aveu une critique de son professeur. Voir G. Stern, *Die Rolle der Situationskategorie bei den « logischen Sätzen »*, Thèse de doctorat de l'université de Fribourg en Brisgau, 1924. Anders a incorporé des éléments de cette thèse dans son premier ouvrage, qui est aussi le moins connu : *Über das Haben : Sieben Kapitel zur Ontologie der Erkenntnis*, Bonn, Cohen, 1928. Pour plus d'informations sur l'implication d'Anders dans la phénoménologie husserlienne, voir E. Wittulski, « Der tanzende Phänomenologie », dans *Günther Anders Kontrovers*, éd. K. P. Liessmann, München, C. H. Beck, 1992 ; N. Huppertz (hrsg.), *Zu den Sachen selbst : Phänomenologie in Pädagogik und Sozialpädagogik*, Oberried bei Freiburg, PAIS-Verlag, 1997, p. 17-26.

6. H. Marcuse, « Postscript : My Disillusionment with Heidegger », dans *Heideggerian Marxism*, R. Wolin et J. Abromeit (eds), Lincoln, University of Nebraska Press, 2005, p. 176. Voir aussi l'essai très intéressant de Marcuse, « Sur la philosophie concrète » (1929), dans *Philosophie et Révolution*, trad. fr. C. Heim, Paris, Denoël-Gonthier, 1969, p. 121-156. M. Imanen a récemment fait des recherches sur ce contexte, ouvrant ainsi de nouveaux questionnements. *Cf.* M. Imanen, *Toward a Concrete Philosophy : Heidegger and the Emergence of the Frankfurt School*, Ithaca, Cornell University Press, 2020.

Marcuse, lui aussi ancien étudiant de Heidegger. Le dénouement de cette plongée dans les premières années d'Anders pourrait être les liens qu'il a tissés après s'être réfugié à Paris en 1933 avec un groupe d'intellectuels originaires d'Europe de l'Est (Alexandre Koyré, Jean Wahl, Alexandre Kojève et, probablement, Emmanuel Levinas), tous attirés par la philosophie allemande et préoccupés par la question d'une « philosophie concrète »[7].

> Heidegger a complètement ignoré les méthodes mécanisées de production qui dominent quand le travail est divisé.

Au lieu de remonter dans le temps pour examiner les débuts d'Anders en tant que philosophe, je vais, pour les besoins de cet article, rester beaucoup plus proche de la gestation de *L'Obsolescence*. Le point central de cet article sera les réflexions sur la « concrétude » philosophique qu'Anders a élaborées pendant les années 1940, c'est-à-dire pendant les dernières années de son exil aux États-Unis, et dont une grande partie est présentée sous la forme d'une critique du premier Heidegger (celui d'avant 1933) et, à un moindre degré, de Husserl. Revisitant sous un angle plus exclusivement philosophique la « confrontation [*Auseinandersetzung*] » d'Anders avec Heidegger, trois textes retiendront ici mon attention : « *Nihilismus und Existenz* [*Nihilisme et existence*] » (ÜH, p. 39-71) et *Sur la pseudo-concrétude de la philosophie de Heidegger*, qui sont les deux essais dans lesquels Anders expose sa critique de Heidegger en 1946-1948, et « *Die Trotz-Philosophie* : Sein und Zeit [*La philosophie entêtée* : Être et Temps] » (ÜH, p. 116-277), un long manuscrit écrit entre 1944 et 1950, non publié du vivant d'Anders, qui a servi de modèle aux deux essais publiés[8].

Ces écrits sont essentiels pour au moins trois raisons. Premièrement, Anders les a rédigés avant deux énormes changements dans sa vie : son déménagement avec sa seconde épouse, Elisabeth Freundlich, à Vienne, en Autriche, en 1950, après quatorze années d'exil aux États-Unis, ainsi que le début du travail sur la critique systémique et fondamentale de la technologie moderne qui a abouti à *L'Obsolescence* et à toute une série de textes plus courts. Nous y rencontrons un Anders qui nous est moins familier et dont les intérêts et les préoccupations ne se sont pas encore regroupés autour des concepts de décalage prométhéen et d'aveuglement face à l'apocalypse, concepts qui ont unifié sa pensée philosophique et son activité politique après 1956[9]. Deuxièmement, c'est aussi un Anders qui, malgré la terrible découverte

---

■ 7. La place d'Anders dans le milieu des exilés parisiens des années 1930 mérite d'être plus longuement étudiée. Parmi ces penseurs, Jean Wahl a joué un rôle central en avançant l'idée de « concret ». Voir J. Wahl, *Vers le concret : Études d'histoire de la philosophie contemporaine, William James, Whitehead, Gabriel Marcel*, Paris, Vrin, 2004. Le monde anglophone a pu mieux accéder à sa pensée grâce à la publication de J. Wahl, *Transcendence and the Concrete : Selected Writings*, A. Schrift et I. A. Moore (eds.), New York, Fordham University Press, 2017.

■ 8. *Cf.* J. Dawsey, « Ontology and Ideology : Günther Anders's Philosophical and Political Confrontation with Heidegger », dans *Critical Historical Studies 4*, n°1, printemps 2017, p. 1-37.

■ 9. Christopher John Müller a été l'un des commentateurs et traducteurs anglophones les plus perspicaces de ces textes qui forment le cœur du dernier Anders. Voir son texte *Prometheanism : Technology, Digital Culture, and Human Obsolescence*, New York, Rowman & Littlefield International, 2016. Sa traduction anglaise

du génocide juif, après la chute du Troisième Reich et les terribles présages qu'augurait la destruction d'Hiroshima et Nagasaki, nourrissait encore des espoirs sincères de transformation démocratique, notamment en Allemagne [10].

Troisièmement, enfin, les efforts denses mais instructifs qu'Anders fournit pour exposer la « pseudo-concrétude » de Heidegger permettent très clairement d'observer qu'Anders s'inscrivait profondément, bien que de manière idiosyncrasique, dans la tradition dialectique issue de Hegel et de Marx qui était très prégnante dans les années 1940. Puisque ces deux penseurs sont au centre de ce qu'Anders propose comme une conception véritablement adéquate de la « concrétude », je ne traite pas les trois textes susmentionnés comme de simples précurseurs de *L'Obsolescence*, mais comme des œuvres autonomes, assez éloignées de l'orbite de cet ouvrage majeur et définitif [11]. Ces textes montrent Anders maniant les catégories et les polémiques marxistes avec astuce et confiance. M'arrêter sur ces textes me permettra aussi de compléter l'analyse du brillant « portrait philosophico-politique » qu'Anders fait de Heidegger, analyse que j'ai commencée dans « *Ontology and Ideology* », étude dans laquelle j'ai pu souligner l'attention qu'Anders portait aux affinités de Heidegger avec le nazisme ainsi qu'au romantisme postfasciste de la *Kehre* heideggérienne [12]. Bien qu'il ait renoncé par la suite à consacrer des études critiques à des philosophes particuliers, ces textes montrent à quel point Anders pouvait être un habile critique.

Le corps et la fausse concrétude de l'ontologie fondamentale

En 1936-1937, Anders avait déjà esquissé une critique des premiers écrits de Heidegger, qui culminait dans l'affirmation que la philosophie heideggérienne du *Dasein* était en réalité un « idéalisme de la non-liberté » [13]. Anders a renouvelé son examen critique de Heidegger à l'occasion de plusieurs autres projets majeurs : la composition de son extraordinaire série de poèmes sur

à venir du premier volume de *L'Obsolescence de l'homme* sera un événement majeur pour faire connaître Anders au public anglophone.

■ 10. Voir, par exemple, le texte d'Anders de 1947, non publié de son vivant : « Zehn Thesen zur Erziehung heute », dans *Zwischenwelt : Zeitschrift der Theodor Kramer-Gesellschaft 35*, n° 1-2, 2018, p. 42-46.

■ 11. La question du passage à la perspective philosophique qui a vu le jour dans *L'Obsolescence de l'homme* a été abordée avec pertinence par M. Müller, *Von der Weltfremdheit zur Antiquiertheit : Philosophische Anthropologie bei Günther Anders*, Marburg, Tectum Verlag, 2012 ; C. Dries, « Von der Weltfremdheit zur Antiquiertheit des Menschen : Günther Anders's negative Anthropologie », dans WM, p. 437-535 ; B. Babich, *Günther Anders's Philosophy of Technology : From Phenomenology to Critical Theory*, London, Bloomsbury, 2022. Tous ces ouvrages thématisent l'anthropologie d'Anders, alors que je porte ici mon attention sur le concept de « philosophie concrète ».

■ 12. Sur la notion de « profils philosophiques et politiques », voir J. Habermas, *Profils philosophiques et politiques*, trad. fr F. Dastur, J.-R. Ladmiral et M. de Launay, Paris, Gallimard, 1987. Pour un aperçu de la vaste littérature sur Heidegger et le national-socialisme, voir J. Dawsey, « Ontology and Ideology », *op. cit.*, p. 3-5. Parmi les travaux plus récents sur ce débat sans fin, voir A. Knowles, *Heidegger's Fascist Affinities : A Politics of Silence*, Stanford, Stanford University Press, 2019 ; R. Polt, *Time and Trauma : Thinking Through Heidegger in the Thirties*, New York, Rowman & Littlefield International, 2019. Dans cet article, je ne traite pas du tout du Heidegger d'après 1945.

■ 13. Anders a formulé cette condamnation sans appel dans une recension publiée sous le nom de Günther Stern dans le *Zeitschrift für Sozialforschung 6*, n° 2, 1937, p. 416-417, de l'École de Francfort. Gerhard Oberschlick a donné à ce très court texte le titre « Zusammenfassender Vorbegriff zu Heidegger » (ÜH, p. 26-28). La citation provient de la p. 28.

la persécution et la destruction des Juifs d'Europe ; son étude sur Kafka ; les premières ébauches de son livre sur l'amour ; ses fréquentes contributions à des revues accueillant les auteurs en exil, *Aufbau* et *The Austro-American Tribune*[14]. Bien que ce ne soit pas sa seule préoccupation, la « confrontation » avec Heidegger – les racines de sa prise de position en faveur du nazisme et la « pseudo-concrétude » réactionnaire de sa première philosophie – est devenue pour Anders une tâche primordiale.

En formulant la catégorie de « pseudo-concrétude [*Schein-Konkretheit*] », Anders s'attaque à ce qu'il avait autrefois trouvé de plus inspirant dans l'appropriation radicale par le premier Heidegger de la phénoménologie husserlienne[15]. En organisant sa critique autour de ce concept fondamental, Anders remet en question la prétendue « concrétude », l'intervention directe dans les questions quotidiennes de vie et de mort, de cette « analytique existentiale » du *Dasein* qui les avait tant attirés, lui et tant d'autres, à Fribourg et Marbourg dans les années 1920[16]. Entre les mains d'Anders, la catégorie de pseudo-concrétude devient un moyen d'évaluer la philosophie heideggérienne à l'aune de sa capacité à comprendre les questions centrales de la vie sociale et culturelle contemporaine. Il met en évidence ce qu'il considère être les implications intrinsèquement politiques de la conception heideggérienne du *Dasein*.

Dans ces textes, Anders passe également beaucoup de temps à promouvoir l'anthropologie matérialiste et physicaliste qu'il a conçue au cours de la décennie précédente. Ses critiques du caractère idéaliste de la pensée de Heidegger (et de celle de Husserl) sont généralement entrelacées de commentaires sur une théorie de l'être humain basée sur les besoins, compris comme les besoins physiques les plus urgents tels que la faim et la soif. C'est une manière pour Anders de défendre son anthropologie philosophique centrée sur la dépendance fondamentale et corporelle des humains à l'égard de leur monde pour leur survie en tant qu'espèce (*cf.* ÜH, par exemple, p. 128). Il avance également sa thèse du lien entre « besoin et concept », une théorie qui, selon lui, permet d'ancrer la conceptualité dans l'expérience de la faim[17]. Ainsi, jusqu'en 1950

■ 14. Pour en savoir plus sur cette dernière phase de l'exil d'Anders aux États-Unis, voir B. Fetz, « Zwischen Heidegger, Kafka und der Atombombe : Zur veröffentlichten und unveröffentlichten Essayistik des Schriftstellers und Philosophen Günther Anders », dans M. Ansel, J. Egyptien, et H.-E. Friedrich (hrsg.), *Der Essay als Universalgattung des Zeitalters : Diskurse, Themen und Positionen zwischen Jahrhundertwende und Nachkriegszeit*, Leiden, Brill, 2016, p. 283-297 ; J. Dawsey, « Compréhension fragile : Günther Anders et la poétique de la destruction » trad. fr. C. David, *Europe : Revue littéraire mensuelle* n°1058-1059-1060, juin-juillet-août 2017, p. 206-224 ; K. Putz, « Improvised Lives : Günther Anders's American Exile » dans G. Bischof (ed.), *Quiet Invaders Revisited : Biographies of Twentieth Century Immigrants to the United States*, Innsbruck, Studien Verlag, 2017 ; A. Pollmann, *Fragmente aus der Endzeit : Negatives Geschichtsdenken bei Günther Anders*, Göttingen, Vandenhoeck & Ruprecht, 2020, chap. V ; B. Babich, *Günther Anders's Philosophy of Technology*, Bloomsbury, Bloomsbury Publishing, 2021, chap. II, V.

■ 15. Werner Reimann a retraduit *Sur la pseudo-concrétude...* en allemand dans ÜH, p. 72-115.

■ 16. Pour d'autres exégèses de ces textes, voir H. Hildebrandt, « Anders und Heidegger », dans *Günther Anders kontrovers, op. cit.* ; P. van Dijk, *Anthropology in the Age of Technology : The Philosophical Contribution of Günther Anders*, trad. angl. F. Kooymans, Atlanta, Rodopi, 2000, p. 97-103 ; M. Woessner, *Heidegger in America*, Cambridge, Cambridge University Press, 2011, p. 66-76.

■ 17. Anders utilise cet argument dans les trois textes que nous étudions. Voir, par exemple, « Nihilismus und Existenz » dans ÜH, p. 62-64 ; « *Trotz-Philosophie* » dans ÜH, p. 128-132, p. 164-165 et p. 247-248 ; PCPH, p. 33-48. Plusieurs manuscrits très détaillés, tous inédits de son vivant et relatant les ruminations surprenantes d'Anders sur le « besoin » et le matérialisme sont disponibles dans la troisième partie de WM,

environ, Anders considère cette théorie anthropologique des besoins – qu'il appelle « logique naturaliste » ou « matérialisme idéaliste » – comme sa contribution la plus originale à la pensée moderne (PCPH, p. 37).

Les philosophies de Husserl et de Heidegger, qui appelaient ostensiblement la philosophie à revenir « aux choses mêmes », ont en réalité tout autant échoué à comprendre la constitution de l'être humain que les philosophies matérialistes antérieures.

Anders se demande ainsi à quoi la phénoménologie aurait pu ressembler si, vers 1895, elle avait choisi la faim et sa satisfaction comme « acte modèle [*Modellakt*] », et dans quelle mesure la conception husserlienne de l'intentionnalité, qui a eu tant d'influence par la suite, aurait pu être différente (PCPH, p. 20). Et il répond à sa propre question : Husserl n'aurait jamais fait une telle démarche « matérialiste ». Comme les néo-kantiens, Husserl s'en est tenu à l'exploration des « structures théoriques », donc à des « actes théoriques » comme l'intentionnalité, ce qui liait sa phénoménologie à la sphère de la conscience (PCPH, p. 22). Heidegger, le plus grand disciple de Husserl, a tenté d'échapper aux limites idéalistes de l'approche de son maître.

Mais, selon Anders, c'est en vain que l'on chercherait des considérations sur les besoins humains dans l'œuvre du premier Heidegger. Leur absence est d'autant plus flagrante que l'intérêt de ce dernier pour l'être-au-monde, pour le souci et la finitude du *Dasein* exigeait d'en faire état (PCPH, p. 36-37). Heidegger a totalement ignoré le « *fait que l'être humain soit dans le besoin* [*die Bedürftigkeit des Menschen*] » (ÜH, p. 247-248). La faim comme champ de recherches philosophique a « disparu » dans *Être et Temps* (ÜH, p. 62 ; PCPH, p. 36). Le *Dasein* ne souffre pas de la faim mais est apparemment « autarcique », comme le souligne Anders faisant ainsi allusion à la terminologie économique nazie (ÜH, p. 132).

Le silence de Heidegger à ce sujet s'explique par deux raisons. Tout d'abord, Anders estime que Heidegger a éludé les questions relatives aux besoins humains parce qu'y porter attention l'aurait trop rapproché du matérialisme. Deuxièmement, mettre l'accent sur les contraintes et la dépendance des humains à l'égard de leur monde extérieur aurait été en contradiction avec l'idée de la « liberté totale » du *Dasein* que défendait Heidegger (ÜH, p. 248). Développant ce point, Anders soutient que Heidegger préfère se concentrer sur la « condition de possibilité [*Bedingung der Möglichkeit*] » du souci du *Dasein* que sur sa « condition nécessaire [*Bedingung der Nötigkeit*] » (PCPH, p. 34). En préférant ainsi la possibilité à la nécessité, Heidegger entretient l'illusion qu'il est un philosophe de la liberté humaine, une illusion qu'Anders s'efforce de dissiper.

Au regard des contraintes que la nécessité corporelle impose universellement à l'*Homo sapiens*, les êtres humains décrits par Heidegger semblent dépourvus de besoins, de désirs et d'inclinations. Où est l'analyse du corps et des instincts dans *Être et Temps* ? demande Anders (PCPH, p. 42 ; ÜH, p. 50). Le *Dasein* semble être une entité désincarnée des plus atypiques. On ne peut guère lui prêter la moindre trace de « *concupiscentia*, [d'] instinct

p. 223-309. Ces écrits méritent un examen approfondi afin de discerner les liens et les tensions entre eux et les œuvres qu'Anders a publiées.

DOSSIER **G. ANDERS**

ou [la moindre] rage de dents » (PCPH, p. 42). Les plaisirs et déplaisirs de l'existence charnelle sont introuvables. Anders semble rester perplexe et ne pas comprendre pourquoi Heidegger, étant donné son opposition aux définitions de l'être humain comme « animal rationnel » venant de la Grèce Antique et des Lumières, n'attribue pas au *Dasein* une double nature de corps et d'esprit (ou de raison). « Nulle part n'est mentionné le fait que le *Dasein* a (ou est) un corps ; qu'il a [...] une double nature. Sur tout cela, Heidegger garde le silence, malgré sa proximité avec les théories naturalistes », fait remarquer Anders (PCPH, p. 42).

Le *Dasein* est donc un être très particulier. Selon Anders, l'être humain de Heidegger, dépourvu de caractère charnel, n'a pas de sexe identifié ; il n'est ni féminin ni masculin (PCPH, p. 42-43). Cette suppression de la chair, des besoins et désirs attachés au corps pousse Anders à demander à Heidegger quels thèmes lui semblent philosophiquement respectables : « Il serait intéressant d'examiner quels aspects du *Dasein* Heidegger trouve dignes de la société ontologique et quels critères déterminent les omissions philosophiques qui sont ses marques distinctives » (PCPH, p. 37, note 3). La désincarnation du *Dasein* conduit également Anders à soulever d'autres questions : dépourvu de corps, sans sexe ni genre, le *Dasein* semble aussi exister sans origine. Le *Dasein* n'est-il pas, alors, un être sans généalogie, sans parents ni ancêtres (ÜH, p. 50, 51 et 64) ?

À première vue, les critiques qu'Anders adresse à la réticence de Heidegger à intégrer le corps ou la sexualité dans son analytique existentiale du *Dasein* devraient être nuancées par un avertissement majeur. L'accent que met *Être et temps* sur la finitude humaine, sur la confrontation avec notre mortalité, sur l'être-pour-la-mort, présuppose une dimension charnelle inéluctable de l'existence humaine : le corps meurt. Mais Anders n'a pas négligé cette apparente discrépance dans la philosophie heideggérienne du *Dasein*. Dans plusieurs passages de « *Trotz-Philosophie* » (ÜH, p. 233 et p. 246-247), en particulier, il s'étonne de la tension entre, d'une part, les refrains heideggériens sur la mortalité et l'existence authentique et, de l'autre, le refus d'examiner la corporéité des hommes et des femmes. Même en tenant compte des nombreux commentaires sur l'être-pour-la-mort que contient *Être et temps*, Anders doute de la « mortalité » du *Dasein*. Sans corps, qu'est-ce qui meurt, au juste ? Puisque Heidegger rejette également les notions théologiques et surnaturalistes de l'âme éternelle, l'analytique existentiale du *Dasein* propose une anthropologie des plus inhabituelles ; Heidegger « *enlève à l'âme son immortalité – mais il vole en même temps la mortalité à son corps mortel* » (ÜH, p. 247).

Anders a également critiqué l'approche heideggérienne des émotions et des sentiments humains. Tout en saluant l'analyse fascinante que fait Heidegger de l'être-accordé ou humeur [*Stimmung*] et de l'angoisse, Anders attire l'attention sur ce dont Heidegger ne parle pas. Ironiquement, l'analytique existentiale du *Dasein*, organisée autour de la notion de souci ou soin [*Sorge*], a privé le *Dasein* de sentiments véritablement attentionnés comme l'amabilité et la *caritas*. Apparemment, le *Dasein* est aussi incapable de rire : le portrait que

40

Heidegger dresse de l'individu manque désespérément de joie, le *Dasein* souffrant « toujours de la mauvaise conscience chrétienne, et même de la mauvaise conscience additionnelle d'avoir finalement jeté par-dessus bord le concept chrétien de péché » (PCPH, p. 78). Pour Anders, Heidegger néglige à la fois les besoins et les désirs triviaux de la chair et des émotions plus nobles. Le *Dasein* supporte ainsi une « condition de double mutilation » (PCPH, p. 42), dit Anders, une existence austère que personne ne peut vouloir.

Anders conteste également le concept de souci [*Sorge*] de Heidegger en raison de sa déconnexion par rapport aux besoins humains fondamentaux. Quelle que soit son intention initiale, Heidegger, comme son maître Husserl, a emprunté une direction idéaliste qui néglige les sources charnelles du souci. Selon Anders, la manière dont Heidegger comprend le souci confirme le fait qu'il refuse toute corporéité au *Dasein* : les arguments de Heidegger « établissent ainsi l'image spectrale d'un *Dasein* qui se fait plein de soucis, alors que la faim, la soif, le froid, l'injustice, la guerre, la maladie ou la sexualité n'apparaissent même pas dans sa vie » (ÜH, p. 248). En exposant ces problèmes, Anders souligne que le refus heideggérien du corps est en réalité le résultat d'un mépris bien plus large pour la nature non-humaine. Heidegger « élimine [...] l'intégration du *Dasein* au monde naturel » (PCPH, p. 41), insiste-t-il. Dans d'autres passages, Anders renforce encore cette critique en affirmant que le monde naturel n'existe selon Heidegger que « pour » le *Dasein*. Bien que ce « pour » n'ait pas le même sens que la relation humanité-monde dans la Genèse – à savoir la domination des hommes et des femmes sur toute autre vie terrestre – le *Dasein*-centrisme dénaturalisé de Heidegger manifeste encore l'anthropocentrisme pernicieux qui a trop longtemps dominé la culture occidentale (PCPH, p. 15) [18].

À travers cette riche palette de critiques adressées à Heidegger, on peut déjà discerner les contours de la conception plus concrète et plus adéquate de l'existence humaine que vise Anders. Elle s'intéresserait, du moins au départ, à l'être humain en tant qu'être doté d'un corps, animé par des besoins comme la faim, la soif et des désirs de satisfaction sexuelle, affligé par la maladie et la vieillesse, et finalement par la mort. Il est évident qu'Anders développe une compréhension nouvelle de la complexité et de la beauté de la réalité physique de l'être humain. Mais cette caractérisation physicaliste de l'humain englobe également ses désirs d'expression et de créativité, d'amour, de joie et de véritable socialité. L'alternative matérialiste qu'Anders oppose à l'ontologie fondamentale n'est pas sans rappeler l'accent mis sur la sensualité dans l'humanisme de Feuerbach, et, infléchi différemment vers la praxis (« activité humaine sensible » [19]), chez le premier Marx. Pourtant, plus qu'aucun de ces penseurs, et certainement plus que Heidegger, Anders souligne les limites que la chair impose aux êtres humains.

▨ 18. Pour d'autres commentaires sur la suppression de la nature chez Heidegger, voir également PCPH, note 10 p. 27-31 ; et PCPH, p. 42. Anders pensait qu'une telle attitude était la « base secrète de toutes les variantes de "philosophie transcendantale" ». Tout au long de sa carrière d'écrivain, il n'aura de cesse de dénoncer toute forme d'anthropocentrisme, qu'elle soit biblique, heideggérienne ou autre. Voir, par exemple, OH2, p. 129-130.

▨ 19. K. Marx, (1982 [1845]), « Thèses sur Feuerbach », dans *Œuvres III. Philosophie*, Paris, Gallimard, « La Pléiade », p. 1029.

Ces commentaires acerbes sur l'image « respectable » du *Dasein* que donne Heidegger et sur le dédain de ce dernier pour le corps et ses besoins démontrent l'importance que donne Anders à la corporéité dans toute entreprise anthropologique. Adopté depuis la rédaction de *Über das Haben* à la fin des années 1920, ce « premier principe » de l'anthropologie philosophique a toujours informé son travail théorique[20]. Des décennies plus tard, Anders affirme encore : « Le fait que "j'ai un corps" me semble encore aujourd'hui, après plus de cinquante ans, le meilleur point de départ possible pour la philosophie » (K, p. 192[21]). L'attention philosophique au corps s'est avérée être un domaine de profonde cohérence dans ses écrits, de ses années de formation intellectuelle à ses derniers ouvrages.

Travail et production industrielle chez le premier Heidegger

Le corps a peut-être été pour Anders le point de départ de sa polémique contre Heidegger (et de sa première anthropologie philosophique), mais il ne fut pas son dernier mot. Anders a identifié d'autres lacunes, tout aussi graves, sinon plus, dans l'ontologie fondamentale. L'aspect qui nous semble le plus saillant de la longue exposition que fait Anders de la pseudo-concrétude de la philosophie du premier Heidegger, c'est sa manière de critiquer avec force la pensée heideggérienne du travail et de la production dans *Être et Temps*. Le texte « *Trotz-Philosophie* », en particulier, contient une étude extrêmement détaillée de ces questions. En nous appuyant sur ce texte et sur d'autres disponibles dans le volume édité par Gerhard Oberschlick, nous pourrons revoir le jugement à première vue positif qu'Anders semblait poser sur le premier Heidegger en tant qu'analyste sérieux de la production, du travail, de l'aliénation et de la réification. Il nous faut entamer ici une discussion sérieuse des liens qu'Anders entretient avec l'influente critique heideggérienne de la technique.

Dans ses écrits de la fin des années 1940, Anders applique la catégorie critique de pseudo-concrétude à la célèbre discussion de Heidegger sur les outils et l'atelier dans la première section d'*Être et temps*. Illustrant l'intérêt de Heidegger pour la vie quotidienne, l'analyse phénoménologique de l'artisan et de ses outils fournit un autre angle d'approche de son concept d'être-dans-le-monde et de son argument selon lequel l'être du *Dasein* est le « souci [*Sorge*] », dans ce cas au sens d'un « se préoccuper [*sich besorgen*] » des « choses »[22]. Pour Heidegger, le cordonnier qui travaille avec son marteau dans l'atelier s'engage dans une sorte de compréhension « pré-ontologique » des objets physiques qu'il manie[23]. Le cordonnier comprend toujours déjà ses outils et, en les utilisant, il les interprète comme des instruments destinés à

20. On trouve également une démonstration de cette continuité de l'importance du corps chez Anders dans W. Reimann, *Verweigerte Versöhnung : Zur Philosophie von Günther Anders*, Wien, Passagen, 1990, p. 41-42.
21. Voir aussi une répétition des critiques à l'encontre des dispositions « extrêmement réactionnaires » de Heidegger à l'égard du corps dans K, p. 344-345.
22. L'exemple de l'atelier se trouve dans M. Heidegger, *Être et temps,* trad. fr. E. Martineau, édition numérique hors-commerce, 1985, p. 72-76.
23. *Cf.* G. Harman, *Tool-Being : Heidegger and the Metaphysics of Objects*, Chicago, Open Court, p. 200. Voir aussi la fine analyse de l'exemple heideggérien de l'atelier dans l'ouvrage de M. Zimmerman, *Heidegger's Confrontation with Modernity : Technology, Politics, Art*, Bloomington, Indiana University Press, 1990, p. 138-143.

son travail. Chaque outil, un marteau par exemple, fait partie d'une totalité de choses utiles. Cette totalité, c'est l'atelier de l'artisan. « Moins la chose-marteau est simplement "regardée" » écrit Heidegger, « plus elle est utilisée efficacement et plus originel est le rapport à elle, plus manifestement elle fait encontre comme ce qu'elle est — comme outil. C'est le marteler lui-même qui découvre le "tournemain" spécifique du marteau » [24]. Pour Heidegger, l'être des « outils », des choses utiles, se caractérise par « le service, l'utilité, l'employabilité ou la maniabilité » et est « essentiellement "quelque chose pour…" » [25]. La « maniabilité » des marteaux et autres outils, « découverte » dans leur utilisation, est telle que nous n'avons plus conscience d'eux en tant qu'outils. Dans le contexte artisanal, les équipements sont des extensions de nos membres.

Anders s'est emparé de l'exemple de l'artisan et de son marteau et l'a beaucoup investi sur le plan herméneutique. D'un côté, il apprécie l'attention que porte Heidegger aux actes quotidiens du travail, par exemple à l'action de marteler. Il admire également l'idée selon laquelle c'est « dans les actes de *Sorge* que le monde se "révèle" » (PCPH, p. 29). Pourtant, d'un autre côté, Anders critique précisément l'exemple qu'utilise Heidegger pour mettre en évidence une compréhension pré-ontologique de l'être-dans-le-monde. Illustrer la rencontre révélatrice avec les choses utiles au travail par l'exemple de l'atelier est en réalité une manière de s'éloigner du caractère propre à la vie sociale moderne. L'analyse du marteau, selon Anders, frappe le lecteur comme étant très concrète. Le problème est que « [p]artout où Heidegger introduit une concrétude quasi pragmatique, il demeure prisonnier de cette opération même » (PCPH, p. 27-28). Heidegger ne va pas au bout de ce qu'il commence. Anders met à plusieurs reprises en évidence ce défaut qui consiste à ouvrir des lignes de questionnement en omettant de poursuivre l'analyse à son terme.

Ce que Heidegger omet dans ses premiers travaux, Anders l'interprète comme particulièrement révélateur. Il met par exemple la discussion de Heidegger sur le martèlement en regard de l'organisation industrielle du travail et se demande dans quelle mesure l'analyse heideggérienne de l'artisan et de son marteau est transposable aux enquêtes sur les régimes de travail modernes. « Les machines modernes "révèlent-elles" réellement ce qu'elles sont à travers leur fonctionnement ? Leur produit est-il leur but ? Ou bien leur but ne peut-il se comprendre que si l'on rend transparent bien d'autres choses que les machines elles-mêmes ? N'y a-t-il pas à la base des thèses de Heidegger une illégitime idée d'immédiateté ? » (PCPH, p. 30) [26]. Anders sent que la notion d'immédiateté est fausse ou dépassée dans les phrases où Heidegger affirme que les choses révèlent leur essence « maniable » dans la vie pratique. Pour Anders, c'était trop facile de s'appuyer sur le cas de l'atelier car il recelait peut-être encore la possibilité d'une action holistique non médiatisée.

▓ 24. M. Heidegger, *Être et temps, op. cit.,* p. 74.
▓ 25. *Ibid.,* p. 73.
▓ 26. Il est intéressant de noter que la réflexion de Heidegger sur le marteau a continué de passionner ses anciens étudiants. Outre Anders, Hans Jonas, dans une analyse de la question des moyens et des fins, a inclus une courte digression sur le marteau, voir H. Jonas, *Le Principe responsabilité,* trad. fr. J. Greisch, Paris, Cerf, 1990, p. 109-110.

Développant davantage sa critique, Anders souligne : « En fait, l'autorévélation du *Zeug* ne se produit que dans ces actes dont la *Vermittelung* [médiation] est d'une extrême simplicité, c'est-à-dire où le producteur et le produit, celui qui "a à faire" et ce "avec quoi on a à faire", le consommateur et le bien, constituent une unité simple, transparente et fonctionnelle, comme c'est le cas lorsqu'il s'agit de fabriquer des chaussures ou de manger des pommes » (PCPH, p. 30-31). Selon Anders, Heidegger a complètement ignoré dans *Être et temps* les méthodes mécanisées de production qui dominent quand le travail est divisé de façon complexe. À la place, le premier Heidegger est resté fixé sur l'exemple du petit atelier et s'est accroché à une notion d'immédiateté et à l'idée d'une unité entre l'artisan et l'outil qui a été largement balayée ou marginalisée par le début de l'industrialisation.

Selon Anders, le travail avec les machines utilisées dans la production industrielle est radicalement différent de celui relativement non médiatisé mis en évidence par Heidegger. Le caractère fragmenté et répétitif du travail moderne mené par les machines ne peut être saisi par l'analyse heideggérienne d'une production à petite échelle. Anders le dit sans détour lorsqu'il commente l'exemple de l'atelier : « Le fonctionnement d'une machine moderne ne révèle pas du tout la même chose ; de toute évidence, l'"aliénation" qu'elle engendre est en rapport avec la société actuelle et sa division du travail » (PCPH, p. 31). Il y a quelque chose de profondément différent « dans l'activité industrielle », où « l'être humain ne "comprend" plus ce qu'il fait ; il fait fonctionner une machine qu'il ne comprend pas et qui produit quelque chose dont la "justification", en tout cas la nécessité, reste fermée au travailleur » (ÜH, p. 438, note 23).

Anders développe cette distinction dans « *Trotz-Philososophie* ». Dans un passage attaquant le « prétendu matérialisme » de Heidegger, il souligne que l'affirmation heideggérienne selon laquelle « l'"objet" est "découvert" dans son usage […] ne vaut que pour les instruments de cordonnier les plus simples et les plus maniables. *Ce qu*'est une machine très compliquée pour la production de pièces mécaniques, on ne peut pas le découvrir », du moins pas si l'on est plongé dans l'activité immédiate du travail avec les machines, si l'on est ouvrier (ÜH, p. 256-357). Les affirmations fondamentales de Heidegger sur la « maniabilité », sur la possibilité de comprendre pré-ontologiquement certaines choses comme instrumentales, ne sont donc tout simplement pas valables pour les processus de production mécanisés. Le travailleur industriel est confronté à une technologie qui n'est pas transparente mais opaque ; de nombreux niveaux de médiation entre la machine et le travailleur obscurcissent l'essence de ces « outils ». Pour Anders, l'ère post-artisanale et industrielle que nous vivons met au jour l'obsolescence de la description du travail menée dans *Être et temps* de Heidegger. En faisant allusion à l'« aliénation » que créent les machines, Anders fait signe vers une théorisation plus adéquate des problèmes que pose le travail moderne industrialisé.

L'indifférence de Heidegger à l'égard du travail mécanisé, note Anders, l'a conduit à une étrange tension par rapport au problème de l'aliénation. Si l'on transpose à l'activité industrielle les arguments de Heidegger sur l'immédiateté révélatrice du travail artisanal, « l'aliénation produite par ces ustensiles mêmes qui auraient dû être révélateurs lui reste étrangère »

(PCPH, p. 31). L'aliénation, cette expérience d'une perte de contrôle sur le rythme et le processus du travail qu'incarne le recours aux machines, est pourtant un problème social contemporain majeur – mais apparemment, Heidegger l'ignore. C'est d'autant plus curieux, écrit Anders, « qu'en un sens l'"aliénation" joue un rôle fondamental dans son expérience ; mais partout où elle fait son apparition, cela se produit sous un déguisement inoffensif, comme "aliénation métaphysique" » (PCPH, p. 31). Cette citation est assez révélatrice. Anders se réfère probablement à la centralité des expériences du néant et des sentiments d'étrangement existentiel du monde dans des œuvres de Heidegger telles que « Qu'est-ce que la métaphysique ? » de 1929. Selon Anders, dans la mesure où Heidegger s'est intéressé au problème de l'aliénation, il l'a généralement appréhendé comme un phénomène ontologique (c'est-à-dire lié à l'existence humaine en tant que telle) et non social. Cette méconnaissance de l'*Entfremdung*, comprise uniquement en un sens ontologique, existait déjà selon Anders avant Heidegger, dans le vitalisme d'Henri Bergson (PCPH, p. 31-32, note 12)[27].

Anders a cependant dû nuancer cet argument. Il s'est rendu compte qu'il y avait une forme indéniablement sociale d'aliénation dans le premier Heidegger – dans l'analyse de l'état inauthentique du on [*das Man*]. Mais Anders constate que le même scénario se répète encore une fois. Heidegger se retire toujours « dans le couvent de son propre soi pour devenir un "*Dasein* authentique*", puisqu'il ne connaît aucun mode pour devenir "authentique" à l'intérieur d'un monde défini, d'une société » (PCPH, p. 32, note 12). Par conséquent, le premier Heidegger ne pouvait formuler qu'une « théorie de l'"aliénation" métaphysique et ontologique du monde (du moins, elle n'est pas motivée en termes économiques) » (PCPH, p. 32, note 12), un défaut, ajoute Anders, qu'il partage avec Kafka. Dans cette lecture, il est clair que l'ontologie fondamentale oublie les caractéristiques « fondamentales » de la vie professionnelle et quotidienne de millions de personnes. Il est désormais évident que la critique andersienne de la pseudo-concrétude de Heidegger est non seulement informée par le vocabulaire marxien de l'aliénation et de la réification, mais qu'elle fait aussi de la théorie de Marx (souvent sans le dire) l'exemple le plus convaincant d'une théorie « concrète » de la société industrielle moderne.

Pour Anders, le profond ressentiment de Heidegger à l'égard de l'industrialisation est à l'origine de nombreuses faiblesses de sa philosophie. L'absence d'exemples d'activité laborieuse moderne n'est pas simplement due à une erreur de raisonnement ou à une simple nostalgie. Au contraire, le fait que Heidegger mette en avant l'exemple du martèlement témoigne d'une position réactionnaire et anti-technologique. Anders perçoit dans le recours à l'atelier une forme virulente de luddisme. « Cet exemple préliminaire [le martèlement] suffit déjà à prouver que, là où Heidegger semble devenir "concret" ou "pragmatique", il est on ne peut plus obsolète et présente pour ainsi dire une mentalité de "briseur de machines", car tous ses exemples sont

■ 27. Bergson, selon Anders, comprend l'aliénation comme le résultat de la résistance de la matière au mouvement de l'élan vital.

tirés de l'atelier du cordonnier de province » (PCPH, p. 31). Il reprend cet argument dans « *Trotz-Philosophie* », en remarquant que « rien n'est plus caractéristique de la philosophie de Heidegger que le fait que le monde est simplement là – et pas n'importe quel monde : le "monde des outils", avec ses marteaux, ses clous et ses bavardages petit-bourgeois, qui ressemble peut-être à l'atelier du cordonnier de village, mais pas au monde industriel actuel, que Heidegger passe sous silence avec le mépris d'un briseur de machines » (ÜH, p. 212) [28]. L'intérêt de Heidegger pour l'industrialisation en tant que problème philosophique et en tant que problème social majeur ne pouvait être moindre (ÜH, p. 258). En employant l'expression historiquement chargée de « briseur de machines », qu'il avait attribuée quelques années auparavant au poète Rainer Maria Rilke, Anders impute à Heidegger une attitude résolument antimoderne. Selon Anders, *Être et temps* n'a jamais reconnu le fait que « les principaux ustensiles de la *Sorge* aujourd'hui » sont « les systèmes économiques, l'industrie, les machines » (PCPH, p. 38) [29].

Si l'on examine la critique andersienne de l'atelier heideggérien à l'aune de son essai *Sculptures sans abri*, nous pouvons dégager l'interprétation suivante : la valorisation emphatique des « choses » chez Rilke et des outils artisanaux chez Heidegger se situe historiquement dans un environnement d'objets matériels qui n'ont pas encore été soumis à l'industrialisation, et constitue une protestation romantique et finalement inoffensive contre la prévalence de la production industrielle de masse et des marchandises produites en série [30]. Dans *Sur la pseudo-concrétude de la philosophie de Heidegger*, Anders résume l'étendue de ces fautes de raisonnement : « [p]our Heidegger, le domaine de la concrétude commence après la faim et finit avant l'économie et la machine : à peu près au milieu est assis le *Dasein*, martelant son *Zeug* et prouvant ainsi la *Sorge* et la renaissance de l'ontologie » (PCPH, p. 38).

Anders n'a jamais renoncé à dénoncer « l'anachronisme de la philosophie de Heidegger » (ÜH, p. 162). En 1979, trente ans après la publication de ces différents textes, il réaffirme une fois de plus leurs thèses. À la question d'un intervieweur qui lui demande si Heidegger prônait une sorte d'anticapitalisme, Anders répond que « son "monde de l'outil" [*Zeugwelt*] est celui d'un artisan de village, un monde de l'atelier. [Max] Scheler qualifiait [la] philosophie [de Heidegger] d'"ontologie de cordonnier", et il avait raison. Dans *Être et temps*, les usines n'existent pas encore, les analyses ne sont pas simplement non-marxistes ou anti-marxistes, elles sont pré-marxistes et à plus forte raison pré-capitalistes » (EJSD, p. 15). Anders avait déjà rendu compte de cet « anachronisme » sur le plan biographique dans ses écrits d'après-guerre. La prédilection de Heidegger pour l'isolement et pour une vie villageoise

---

■ 28. Une formulation similaire se trouve aussi dans « *Nihilismus und Existenz* » (ÜH, p. 438, note 23).

■ 29. Sur cette idée que Rilke, avec sa valorisation des « choses simples », était un « briseur de machines », voir le superbe essai d'Anders sur Rodin, *Sculptures sans abri, Étude sur Rodin*, trad. fr. C. David, Paris, Fario, 2013, p. 11 *sq.*

■ 30. Lorsque Anders a écrit ces textes, il ne connaissait apparemment pas encore le long examen de Rilke par Heidegger dans M. Heidegger, « Pourquoi des poètes ? », *Chemins qui ne mènent nulle part*, trad. fr. W. Brokmeier, Paris, Gallimard, 1962, p. 323-386. Il en a pris connaissance avant d'écrire « *Frömmigkeitsphilosophie* », un manuscrit dirigé contre le dernier Heidegger (dans ÜH, p. 278-366). Il y parle de l'orientation de Heidegger vers les « choses », qui rappelle, tout en s'en distinguant, celle de Rilke.

bucolique en Forêt-Noire, sur lesquels reposent nombre de ses critiques de la vie urbaine et de la société industrielle, a souvent suscité la colère d'Anders. Il décrit ainsi le parcours de Heidegger :

> Son exemple illustre à merveille *combien l'histoire est peu «contemporaine»* *avec elle-même*. Il a grandi comme un provincial : à l'écart de la «vie moderne», des problèmes sociaux, de l'industrialisation. Son premier *Bildungswelt* a été le christianisme et l'ontologie gréco-chrétienne – alors que ses contemporains se mouvaient dans les plans les plus divers de la sécularisation, dans un monde structuré par la technique et les sciences de la nature (PCPH, p. 64).

Dans un autre passage, Anders se demande ce qu'on peut attendre d'autre d'un «représentant de la classe moyenne [*Mittelständler*] provincial», qui excluait de ses recherches philosophiques «le fait de l'industrialisation, de la démocratie, de l'étendue du monde actuel, du mouvement ouvrier» (ÜH, p. 42-43). Il s'agit d'ailleurs d'une auto-provincialisation volontaire de la part de Heidegger (PCPH, p. 70). Ce dernier s'est accroché à un luddisme archaïque de Forêt-Noire, volontairement éloigné des tendances fondamentales de la modernité euro-américaine. À d'autres endroits de sa «confrontation», Anders explique que ces insuffisances déjà problématiques de la pensée de Heidegger étaient symptomatiques d'autres défauts plus sérieux dans sa philosophie. L'élision de la mécanisation dans la réflexion de Heidegger sur l'être-outil ouvre encore d'autres lignes de critique pour Anders.

Hegel, Marx et la «philosophie concrète»

La réticence de Heidegger à aborder les systèmes industriels et les machines trahit l'absence plus profonde de la question sociale dans l'ontologie fondamentale. Pour Anders, les minces catégories sociales de Heidegger ne pouvaient pas saisir les si nombreuses fissures dans l'histoire de la civilisation et, en particulier, dans la société capitaliste moderne. L'engouement de Heidegger pour le développement du *Dasein* a complètement occulté la longue histoire de la domination sociale. On chercherait en vain un traitement historique des formes de contrainte «objective», de «l'histoire *imposée* aux hommes*»* (PCPH, p. 72) – l'État, les systèmes de droit, l'esclavage et la coercition économique. Anders reproche également à Heidegger de «ne pas aborder les véritables non-libertés de la société contemporaine» (ÜH, p. 184). Ce manque de profondeur sociale dans la pensée heideggérienne diminue ses prétentions à la «concrétude», en particulier lorsqu'on la compare aux théories sociales de Hegel et de Marx.

Pourtant, Heidegger ne possède-t-il pas, malgré tout, un appareil catégorique permettant d'aborder les questions de socialité et d'intersubjectivité? Ses concepts d'être-avec [*Mit-Sein*] et de souci ou de soin [*Sorge*] en sont les exemples les plus connus [31]. En fin de compte, Heidegger a fondé son analytique du *Dasein* sur la prémisse que la forme même de manifestation de ce dernier était le souci – une préoccupation pour lui-même, pour les autres et pour les choses. Le *Dasein* en tant que souci et en tant qu'être-avec est

31. Heidegger explicite ces concepts dans *Être et temps, op. cit.*, p. 114-129, et p. 191-211.

« toujours déjà » immergé dans son monde. Le fait que *Sorge* et *Mit-Sein* soient si fondamentaux pour le *Dasein* ne contredit-il pas les accusations d'Anders qui pointent chez Heidegger une prise en compte inadéquate de l'existence sociale ?

Anders a prévenu les objections qui lui reprocheraient d'avoir délibérément ignoré la discussion de Heidegger sur le social dans *Être et temps*. Il a souligné comment « ce fait de la sociabilité, Heidegger l'avait déjà appris, ne serait-ce que par Aristote, et il l'a formulé comme une nouveauté : le *Dasein* est toujours déjà *"Mit-sein"*. Non, ce qui est refoulé est quelque chose de différent : l'antagonisme, le *Dasein* de la lutte et la lutte entre les groupes pour le *Dasein* » (ÜH, p. 61). Et ce refoulé n'est pas une simple négligence pour Anders qui s'inscrit de nouveau dans une ligne de critique marxiste face à Heidegger. Ce dernier a supprimé le conflit social dans son analytique existentiale du *Dasein*, ce qui est encore une fois le signe de sa mauvaise foi selon Anders. « Certes, dans *Être et temps*, il est fait mention du *Mit-sein* et de la *Fürsorge ;* mais il ne s'agit guère plus que de réminiscences aristotéliciennes (*zoon politikon, symbouleueïn*), incapables de rivaliser avec le violent pathos du *Selbst-werden*. Ces concepts restent de sèches notes de bas de page dans son système » (PCPH, p. 77-78). En fin de compte, Anders n'est pas convaincu de la puissance analytique de ces concepts. C'est plutôt l'« étrange singulier » (ÜH, p. 61), *das Dasein*, qui occupe la plus grande place dans l'œuvre du premier Heidegger. Comme la catégorie « homme », si prisée par l'anthropologie philosophique (et Anders pointe ici les écrits de Max Scheler et, implicitement, ses propres écrits philosophiques antérieurs), le terme « *Dasein* » obscurcit plus qu'il ne révèle. Ce terme peut, de manière trompeuse, représenter une seule personne ou l'humanité dans son ensemble (ÜH, p. 61). Dans la pensée de Heidegger, cet « étrange singulier » dénote un individualisme radical dont l'attention à la socialité est minimale. Anders met en évidence que les concepts d'être-avec et de souci sont épiphénoménaux par rapport à la tâche principale *du Dasein* qui consiste en une quête pour devenir un Soi authentique.

Cependant, même si Heidegger avait accordé une plus grande centralité à la catégorie d'être-avec, elle aurait été une catégorie sociale trop faible selon Anders. Contre Heidegger, il soutient que « *le Dasein* n'est pas seulement un être-avec, mais surtout un être-contre-un-autre. Toutefois, cet être-contre-un-autre ne se réalise que comme une phase déterminée de l'histoire actuelle et ne peut donc pas être dérivé d'une historicité inoffensive » (ÜH, p. 163). La catégorie d'être-avec présente donc elle aussi la même fausse concrétude. L'ontologie fondamentale a mis entre parenthèses les antagonismes de classe, les lignes de faille entre les deux principales classes de la société industrielle moderne, la bourgeoisie et le prolétariat.

Comme on peut le constater, Anders utilise les théoriciens de la domination que sont Hegel et Marx contre Heidegger. Il évoque la dialectique du maître et du serviteur du Hegel de la *Phénoménologie de l'esprit* comme étant incomparablement plus sophistiquée que la philosophie individualiste du *Dasein* de Heidegger, précisément parce qu'elle reconnaît l'existence de deux acteurs (ÜH, p. 213 et p. 61-62). On voit ici à quel point Anders était attaché à l'interprétation d'Hegel d'Alexandre Kojève, qu'il a rencontré pour la première fois à Paris au milieu des années 1930. « La haine de Heidegger à l'égard de la dialectique » extrapole Anders, « n'est rien d'autre qu'une aversion philosophiquement déguisée pour le fait de l'antagonisme, sans lequel ni le monde, ni l'historicité, ni le "devenir de l'histoire" ne sont pourtant compréhensibles » (ÜH, p. 213). Hegel et son héritier Marx ont reconnu l'importance capitale de l'antagonisme social auquel Heidegger est resté volontairement aveugle. Ainsi, le fait que Heidegger ait éludé la lutte des classes l'a conduit à interpréter « l'histoire non pas comme une réalité, mais plutôt seulement comme une "historicité", c'est-à-dire comme un existential du *Dasein* » (ÜH, p. 213).

Trouvant que le concept heideggérien d'historicité est en fait très pauvre, Anders soutient qu'en supprimant le conflit, Heidegger a en réalité rendu totalement obscur le véritable *modus operandi* du *Dasein*. Plus effrayant encore, leur sensibilité historique appauvrie a laissé les heideggériens démunis face aux dilemmes historiques réels et aux luttes sociales. Comme dit Anders, « qui sous le concept d'"histoire" ne comprend pas l'histoire des formes de domination, de l'aliénation et de la réification, sera également prêt à *répéter* l'histoire » (ÜH, p. 156). Ainsi, Anders a renforcé ses premiers arguments de 1937 contre l'approche dangereusement erronée des questions socio-historiques dans l'ontologie fondamentale. Selon lui, on ne peut pas se référer à Heidegger pour avoir une idée de la domination de l'être humain par l'être humain ou de la domination des êtres humains par les structures sociales qu'ils ont créées.

Si Heidegger aborde les problèmes de domination sociale, il utilise presque toujours le levier ontologique comme une sorte de frein d'urgence. Explorant un champ de recherche qui sera aussi, deux décennies plus tard, celui de l'enquête provocatrice de Lucien Goldmann [32], Anders remarque particulièrement le traitement heideggérien du problème de la réification. Il soutient que Heidegger a réduit ce phénomène à une controverse théorique soulevée par des erreurs de pensée. Anders pointe ainsi la véhémente critique heideggérienne à l'encontre de certains courants de la philosophie occidentale qui auraient interprété le *Dasein* avec des catégories mieux adaptées aux choses non-humaines. Pour Anders, cette critique n'a aucun sens, elle équivaut à réprimander un esclavagiste pour avoir mal compris que son esclave était un esclave. Heidegger, donc, « adresse à l'interprétation le reproche qu'il devrait faire à la réalité » (ÜH, p. 140). Si la réification « joue effectivement un grand rôle chez Heidegger », il se trompe lorsqu'il considère qu'elle est une question d'« autodéfinition de l'être humain » et qu'il néglige la « réification factuelle » qui est avant tout un « fait politico-économique » (ÜH, p. 451, note 55). Anders attaque également les thèses plus récentes de Heidegger, développées après la *Kehre*, selon lesquelles la réification pourrait être attribuée à l'influence durable et pernicieuse du cartésianisme. Pour

■ 32. Voir L. Goldmann, *Lukács et Heidegger. Pour une nouvelle philosophie*, fragments posthumes établis et présentés par Y. Ishaghpour, Denoël/Gonthier, Paris, 1973.

Anders, il est clair que ce n'est pas Descartes qui est à l'origine du problème de la réification… (ÜH, p. 213)

Anders soutient que l'instrumentalisation des personnes, par laquelle il entend le traitement des hommes et des femmes comme des choses ou des objets, ne peut jamais être attribuée en dernier ressort à une simple erreur de pensée. Dans « *Trotz-Philosophie* », il invoque très vite une compréhension marxiste plus traditionnelle de la réification. Les racines de cette dernière se trouvent dans les rapports de classe déterminés de la société. « La réification du *Dasein* humain est au contraire une affaire de domination, d'utilisation de l'être humain par l'être humain ; les réifications que l'on trouve dans les catégories philosophiques sont parfaitement secondaires » (ÜH, p. 140-141). Dans le même ordre d'idées, Anders affirme que « ce que Heidegger critique n'est donc jamais le traitement du *Dasein* par le *Dasein*, jamais le traitement de l'être humain par l'être humain, mais plutôt, ce qui est incomparablement moins dommageable, l'interprétation de l'être humain par l'être humain » (ÜH, p. 141)[33]. L'approche erronée des origines de la réification chez le premier Heidegger mine l'élan critique de ses rares commentaires sur le sujet. Les « *principes collectifs du traitement des personnes* » ont été donnés par « la grande entreprise capitaliste [*kapitalistische Grossbetrieb*] » (ÜH, p. 220). La critique sociale – et il s'agit clairement de la critique marxiste pour Anders – est donc désespérément nécessaire car le « le principe selon lequel les êtres humains sont utilisables [*Benutzbarkeit der Menschen*], est désormais devenu total » (ÜH, p. 220) et menace de tout subsumer.

Jusque dans le domaine philosophique où Heidegger avait acquis sa plus grande renommée, à savoir dans l'analyse de la nature temporelle de ce que signifie pour nous être, ses thèses ne sont ni originales, ni entièrement valides selon Anders. Dans un chapitre intitulé « Être et temps ou être et temps libre », Anders propose une compréhension alternative du lien entre l'être et le temps. S'appuyant sur Marx, il refond la relation entre ces deux catégories. Le problème du caractère temporel de l'existence humaine doit être abordé en examinant le temps de travail et le temps libre, ce qui pourrait permettre de saisir les phénomènes que Heidegger a compris comme des formes d'existence inauthentiques – et donc mal compris. Partant de la situation du travailleur salarié, Anders affirme que « *les personnes qui vendent leur temps se vendent elles-mêmes. Marx a donc bien identifié l'identité de l'être et du temps lorsqu'il a transformé le problème idéaliste de la liberté en problème matérialiste du temps libre. Et lorsqu'il a interprété la réification de l'être humain* comme le fait que le temps de travail devienne une marchandise » (ÜH, p. 257). La théorie de l'inauthenticité de Heidegger, et sa description du *on* [*das Man*] en particulier, ne pouvait pas égaler la puissante explication socio-historique que Marx fait du problème de l'être et du temps. Marx a expliqué comment la diffusion de la forme-marchandise et du travail salarié a engendré une relation très spécifique entre les deux catégories, mais une

---

■ 33. Sur ce point, Heidegger a échoué à intégrer non seulement les intuitions de Marx, mais aussi celles de Kant. Ce dernier avait dès le XVIIIᵉ siècle cherché les cadres socio-politiques permettant de réaliser la liberté humaine. Heidegger ne partageait pas ce souci de l'être humain libre et autonome, selon Anders.

relation historiquement déterminée, puisqu'elle est un « phénomène créé par l'être humain [*gemachtes*], donc abolissable » (ÜH, p. 257).

Anders développe dans un autre passage cette critique du concept heideggérien d'authenticité en citant cette fois la description marxienne de la manière dont « le système économique a fait de l'être humain un simple porteur de temps de travail, donc la propriété d'un autre, rendant ainsi [la personne] "inauthentique" » (ÜH, p. 163). La variante heideggérienne de la philosophie de l'existence [*Existenzphilosophie*] est donc pour Anders une « forme remarquable et subtilement camouflée de la théorie du "Ne blâmez pas les circonstances". Le *"Dasein* inauthentique" qu'il vise si courageusement est en fait une cible inoffensive qui détourne le regard du *véritable adversaire* [*wahren Gegner*], *le système économique* » (ÜH, p. 267-268, nous soulignons). L'ontologie fondamentale masque avec la plus grande duplicité les racines sociales et historiques de l'existence inauthentique. C'est « l'économie moderne » qui « a traité aussi bien l'être humain que le monde humain comme des marchandises possibles », déclare Anders (ÜH, p. 266).

Ce long exposé du commentaire que donne Anders de la philosophie heideggérienne à la fin des années 1940 indique quelques points clés pour comprendre sa biographie intellectuelle. Pour Anders, à ce moment de sa vie, Hegel et, à un degré bien plus élevé, Marx avec sa théorie critique du capitalisme – ses catégories d'aliénation, de réification et de forme-marchandise – donnent une bien meilleure explication de l'inauthenticité de la vie moderne que l'analytique existentiale du *Dasein* [34]. Anders en conclut que l'image des êtres humains et de leur monde social qui ressort de *Être et Temps* ne présente que de vagues similitudes avec la vie concrète des hommes et des femmes du XXe siècle. Les efforts d'Anders pour historiciser Heidegger présentent donc son ancien professeur comme un philosophe profondément et intentionnellement désynchronisé par rapport à son présent.

Les problèmes fondamentaux qu'Anders a identifiés dans sa confrontation avec la philosophie de Heidegger l'ont poussé à réfléchir plus rigoureusement, plus urgemment, à une alternative. Cette philosophie alternative, pleinement élaborée pendant un quart de siècle dans *L'Obsolescence de l'homme*, est une anthropologie philosophique critique de la technologie, historiquement déterminée et beaucoup plus redevable à Marx qu'à Heidegger. Pourtant, le marxisme a lui-même cédé la place, après 1956, à une critique systémique fondamentale de la technologie, dont les plus importantes intuitions constituent la « philosophie [post-marxiste] du décalage » développée dans *L'Obsolescence*.

Pour Anders, les « choses mêmes » en sont venues à englober les dimensions subjectives et objectives d'un monde façonné par la technologie. L'antagonisme entre le corps humain et la psyché, d'une part, et la machine, ses produits et les processus qu'elle induit, d'autre part, a pris le dessus.

■ 34. Il serait intéressant de comparer la pensée andersienne de la « concrétude » philosophique de la fin des années 1940 avec celle d'autres intellectuels marxistes de son époque tels que Ernst Bloch, Louis Althusser, et Karel Kosík. On trouvera un commentaire de ces auteurs dans A. Münster, *L'utopie d'Ernst Bloch : Une biographie*, Paris, Kimé, 2001 ; W. S. Lewis, *Concrete Critical Theory : Althusser's Marxism*, Leiden, Brill, 2021, tout spécialement dans les chapitres IV et V ; J. Grim Feinberg, I. Landa et J. Mervart (eds.), *Karel Kosík and the Dialectics of the Concrete*, Leiden, Brill, 2021.

Le nouveau cadre de pensée d'Anders, tout en couvrant un éventail de nouvelles formes d'aliénation engendrées par la mécanisation, se concentre sur des « choses » d'une importance capitale pour le monde d'après 1945 : les chambres à gaz et les fours crématoires du génocide nazi ainsi que les armes nucléaires et thermonucléaires liées à l'avènement de l'ère atomique. Ainsi, *L'Obsolescence* doit être considérée comme une tentative pour créer une « philosophie concrète » de l'industrialisation et de ses pathologies, qui reste éloignée des faiblesses de la philosophie universitaire et de celles décrites par Anders dans sa critique matérialiste de Heidegger.

Jason Dawsey
Institute for the Study of War and Democracy,
World War II Museum, Nouvelle Orléans

Traduit de l'anglais par Perrine Wilhelm

Günther Anders

L'INNOCENCE PERDUE DES FORCES PRODUCTIVES
Walter Benjamin, Günther Anders et les origines du « décalage prométhéen »

Felipe Catalani

Dans cet article, nous examinons l'hypothèse selon laquelle la conception de la technique se transforme dans la pensée allemande après la Première Guerre mondiale, en particulier en ce qui concerne la relation entre la technique et l'histoire. À gauche, cette transformation passe par la critique benjaminienne de toute conception progressiste de la technique – critique qui anticipe ce que Günther Anders appellera plus tard le « décalage prométhéen ». La pensée conservatrice allemande se lance quant à elle dans un éloge anti-progressiste du progrès technique (c'est le cas par exemple d'Ernst Jünger et d'Oswald Spengler). Nous cherchons, en même temps, à mettre en évidence la centralité de la guerre et de la technologie militaire pour la théorie critique de la technique.

> Tout moyen technique possède en secret ou à découvert une valeur guerrière.
>
> Ernst Jünger, *Le travailleur (1932)*[1]

« **B**atailles au chloracétophénol, au chlorure de diphénylarsine et au sulfure d'éthyle dichloré » est le sous-titre presque imprononçable, difficilement mémorisable et stylistiquement rebutant d'un court article de Walter Benjamin intitulé « Les armes de demain »[2]. En réalité, une controverse entoure la paternité de ce texte publié pour la première fois en 1925 sans signature explicite dans le *Vossische Zeitung*[3] pour dénoncer les nouvelles armes chimiques découvertes après la Première Guerre mondiale. Bien que des extraits de ce texte soient

---

1. E. Jünger, *Le travailleur*, trad. fr. J. Hervier, Paris, Christian Bourgois, 1989, p. 236.
2. W. Benjamin, « Les armes de demain. Batailles au chloracétophénol, au chlorure de diphénylarsine et au sulfure d'éthyle dichloré », dans W. Benjamin et M. Löwy (éd.), *Walter Benjamin. Romantisme et critique de la civilisation*, trad. fr. C. David et A. Richter, Paris, Payot et Rivages, 2022, p. 117-121.
3. *Vossische Zeitung* 303, 1925, p. 1-2.

repris mot pour mot dans *Théories du fascisme allemand*[4], on y observe sans aucun doute la patte distinctive de Dora Sophie Kellner, épouse, à l'époque, de Benjamin, et ce sont ses initiales qui apparaissent dans le journal[5]. Kellner a étudié la chimie et la philosophie à Vienne et réfléchissait en ce début des années 1920 à la manière dont la Première Guerre mondiale a développé de nouveaux procédés techniques à des fins militaires, ce qui a donné lieu à son roman de 1930, *Gas gegen Gas* [Gaz contre gaz][6]. Le texte « Les armes de demain » atteste ainsi d'une connaissance très spécifique de la chimie, sans laquelle il perdrait certainement de son pouvoir descriptif :

> À quoi ressemblent ces gaz toxiques dont l'utilisation présuppose la fin des sentiments humains ? à l'heure actuelle, nous en connaissons dix-sept dont le gaz moutarde et la lewisite sont les plus importants. Les masques à gaz ne sont d'aucune utilité contre eux. Le gaz moutarde ronge la chair et, dans les cas où il ne provoque pas immédiatement la mort, il laisse des brûlures dont la guérison prend trois mois. Il reste actif pendant des mois sur tous les objets avec lesquels il est entré en contact. Dans les régions attaquées au gaz moutarde, même plusieurs mois plus tard, faire un pas sur le sol, toucher une poignée de porte ou un couteau à pain peut s'avérer mortel. […] Il va de soi que, dans la guerre au gaz, la distinction entre les populations civiles et militaires disparaît et, avec elle, l'un des fondements les plus solides du droit des gens[7].

Ce texte a pour objet la Grande Guerre et anticipe en même temps « la prochaine »[8] qui se profilait déjà à l'horizon. Comme les forces productives ne régressent jamais mais ne font que progresser, il était possible dès 1925 de savoir que la prochaine guerre aurait un potentiel de destruction au moins égal à celui que le progrès technique avait accordé à la précédente. Comme on le sait, les gaz chimiques n'ont pas disparu : lors de la Deuxième Guerre mondiale, les nazis ont utilisé le Zyklon B pour assassiner plus de 1,1 million de personnes dans les chambres à gaz d'Auschwitz. Benjamin n'a pas vécu assez longtemps pour voir le dernier grand crime de la longue catastrophe que constituent ces deux guerres : un grand projet impliquant des scientifiques, l'État américain, une centaine d'entreprises, 130 000 employés et plusieurs milliards de dollars est parvenu à transformer l'énergie libérée par la fission de l'atome en deux bombes qui ont rayé deux villes de la carte du monde.

■ 4. W. Benjamin, « Théories du fascisme allemand. À propos de l'ouvrage collectif *Guerre et Guerriers*, publié sous la direction d'Ernst Jünger », trad. fr. P. Rusch, dans W. Benjamin, *Œuvres*, II, Paris, Gallimard, 2000, p. 198-215.

■ 5. Le texte a été repris dans les *Gesammelte Schriften* de Benjamin et figure dans une courte liste de l'auteur intitulée « mes œuvres publiées », mais il est publié dans la revue avec pour signature « D.S.B. », probablement les initiales de Dora Sophie Benjamin.

■ 6. D. S. Kellner, *Gas gegen Gas*, publié pour la première fois sous forme de feuilleton dans le *Südwestdeutsche Rundfunkzeitung*, 1930, puis sous le titre *Das Mädchen von Lagosta* [La fille de Lastovo] dans le *Innsbrucker Nachrichten*, du 24 décembre 1931 au 7 mai 1932, et dans le *Gratzer Tagblatt* du 25 décembre 1931 au 8 mai 1932.

■ 7. W. Benjamin, « Les armes de demain… », *op. cit.*, p. 120-121.

■ 8. *Ibid.*, p. 120.

C'est Günther Anders, le cousin de Benjamin[9], qui a développé une philosophie de la bombe atomique, de la civilisation technologique et des « *métamorphoses de l'âme* à l'époque de la deuxième révolution industrielle » (OH1, p. 30), c'est-à-dire à l'époque où, selon lui, « la critique de la technique » est devenue « une affaire de courage civique » (OH1, p. 17). L'objectif de cet article est de retracer l'origine du concept andersien de « décalage prométhéen » en mettant en évidence l'impact qu'a eu la Première Guerre mondiale sur la pensée allemande, et en particulier sur sa manière de comprendre la technique. Le « décalage prométhéen » est en effet la problématique centrale de toute la pensée d'Anders qu'il qualifie lui-même de « philosophie du décalage [*Diskrepanzphilosophie*] »[10]. Ce décalage qui rend l'être humain obsolète est celui entre l'imagination (avec toutes les facultés qui lui sont liées : la sensibilité, la capacité de se représenter les effets de ses propres actions, et donc de se sentir responsable – au point qu'Anders considère l'imagination comme la faculté morale et cognitive fondamentale) et ce que nous sommes désormais capables de faire et de produire. Avant même qu'Anders, dans une sorte de théorie négative du sublime (VH, p. 44 *sq.*), ne considère une guerre nucléaire comme un évènement « *supraliminaire* » (MN, p. 168), c'est-à-dire un évènement trop grand pour être perçu, Benjamin envisage déjà ce problème du décalage entre nos facultés. Lorsque, dans l'entre-deux-guerres, Benjamin décrit l'appareil militaire que l'Europe hérite de la Première Guerre mondiale, il souligne par exemple que « [c]e qui rend de telles spéculations problématiques, c'est que l'imagination humaine refuse de les suivre et que l'énormité du destin qui nous menace devient prétexte à une certaine paresse d'esprit [*Denkfaulheit*] »[11]. C'est précisément une telle « paresse d'esprit », résultat d'un défaut de l'imagination causé par une réalité rendue elle-même « énorme » (supraliminaire), qui est l'objet constant des essais des deux volumes de *L'Obsolescence de l'homme*. À l'origine de ce nouveau phénomène spirituel, Benjamin voit aussi une « disparité » ou discrépance objective, comme il le dit clairement dès le début de son article de 1930 sur Ernst Jünger :

> la guerre impérialiste, dans ce qu'elle a précisément de plus dur et de plus néfaste, est partiellement déterminée par la disparité criante [*klaffende Diskrepanz*] entre les moyens gigantesques de la technique et l'infime travail d'élucidation morale dont ils font l'objet. En effet, de par sa nature économique, la société bourgeoise doit retrancher aussi rigoureusement que possible la technique de la sphère dite spirituelle[12].

■ 9. Anders relate sa relation avec Benjamin, en particulier lorsqu'ils se sont tous deux retrouvés en exil à Paris, dans l'interview « Brecht ne pouvait pas me sentir », dans *Austriaca 35, Günther Anders*, Mont-Saint-Aignan, P.-U. de Rouen, 1995, p. 13 : « Benjamin n'est pas pour moi un élément du cercle Adorno. Benjamin était mon arrière-cousin. Je le connaissais depuis que j'étais au monde. Je ne peux pas dire qu'à Paris, nous ayons fait de la philosophie ensemble. Car nous étions en premier lieu des antifascistes, en deuxième lieu des antifascistes, en troisième lieu des antifascistes et il se peut, *en outre*, que nous ayons parlé philosophie ».
■ 10. *Ibid.*, p. 15.
■ 11. W. Benjamin, « Les armes de demain », *op. cit.*, p. 120. [trad. modifiée]
■ 12. W. Benjamin, « Théories du fascisme allemand », *op. cit.*, p. 199.

Anders reformule cette « disparité criante » dans ses « Thèses pour l'âge atomique » de 1959 en affirmant que nous sommes devenus des « *utopistes inversés* », car « alors que les utopistes ne peuvent pas produire ce qu'ils se représentent, nous ne pouvons nous représenter ce que nous produisons » (MN, p. 149). Si nous nous rappelons que, depuis sa première anthropologie philosophique, le fait d'être utopiste est pour Anders moins une option politique (socialiste) qu'un fait fondamental de la condition humaine[13], nous comprenons que notre transformation en « utopistes inversés » est en réalité une *mutation anthropologique.* Si nous acceptons l'argument de Paulo Arantes selon lequel la résurgence moderne de la dialectique trouve son fondement historique dans un décalage entre l'avancement des idées et le « retard » de la civilisation matérielle (ce n'est pas un hasard si la dialectique dans son sens moderne est pensée d'abord dans l'Allemagne du XIXe siècle, encore en périphérie de la révolution industrielle, et non en Angleterre ou en France)[14], c'est comme si le diagnostic d'Anders indiquait le renversement de ce processus ou de ce décalage fondamental qui avait autrefois donné naissance à la dialectique. L'humanité prend du « retard » par rapport au progrès matériel qu'elle ne parvient pas à suivre. L'ouvrage d'Anders est alors une description approfondie des conséquences de ce décalage prométhéen[15].

L'antihumanisme objectif dans la crise du progrès

Un tel diagnostic prend sens dans le processus historique par lequel le progrès technique se détache de ce que l'idéalisme allemand appelait « progrès moral de l'humanité ». C'est en ce sens qu'il faut comprendre la célèbre phrase d'Adorno selon laquelle « aucune histoire universelle ne conduit du sauvage à l'humanité civilisée, mais il y en a une très probablement qui conduit de la fronde à la bombe atomique »[16] – le champ lexical de la balistique coïncide avec les thèses autour de l'anthropologie du lancer que l'on trouve dans le texte d'Anders intitulé « *Homo animal jacens* » (WM, p. 315-321). Cependant, constater qu'une dissociation s'opère entre « différents progrès » est, à la limite, un affront à la notion moderne de progrès en tant que telle. Après tout, si l'on suit l'histoire des concepts de Koselleck, la notion de progrès telle qu'elle apparaît au XVIIIe siècle est conçue comme une synthèse de différentes « perfections » et « améliorations » particulières : « De l'histoire

---

■ 13. Voir à ce propos C. David, « De l'homme utopique à l'utopie négative : Notes sur la question de l'utopie dans l'œuvre de Günther Anders », dans *Mouvements* 45-46, 2006/3-4, p. 133-142.

■ 14. Nous résumons ici de manière quelque peu schématique l'un des thèmes centraux du livre de P. Arantes, *Ressentimento da Dialética. Dialética e experiência intelectual em Hegel (Antigos estudos sobre o abc da miséria alemã)*, São Paulo, Paz e Terra, 1996.

■ 15. Il est curieux que Reinhart Koselleck, qui a certainement connu les travaux de Benjamin et d'Anders, parle lui aussi de cette « discrépance » [*Diskrepanz*] mais la voit déjà dans le berceau de la modernité, et non dans sa phase « tardive » (l'« âge des catastrophes », pour parler comme Hobsbawm). Dans une sorte de dialogue voilé (il mentionne même la guerre chimique et la bombe atomique), il affirme qu'au XVIIe siècle, « à mesure que notre catégorie [celle du progrès] se chargeait de sens, on découvrait aussi la discrépance entre le progrès technique-civilisationnel et la posture morale de l'être humain. Il a été observé à plusieurs reprises que la moralité est toujours à la traîne de la technique et de son développement progressif », R. Koselleck, *Begriffsgeschichten, Studien zur Semantik und Pragmatik der politischen und sozialen Sprache*, Frankfurt am Main, Suhrkamp, 2006, p. 180 *sq.*

■ 16. T. W. Adorno, *Dialectique négative*, Paris, Payot et Rivages, 2006, p. 387.

des progrès individuels résulte le progrès de l'histoire »[17]. Lorsque Kant utilise pour la première fois en Allemagne le terme « *Fortschritt* » – qui n'était plus seulement continuation [*Fortgang*], croissance [*Wachstum*], amélioration [*Verbesserung*] ou perfectionnement [*Vervollkommung*] – c'est « un mot qui rassemble en lui, de manière succincte et pratique, toutes les interprétations du progrès des domaines scientifiques, techniques, industriels et finalement aussi moraux et sociaux, et même du domaine de l'histoire toute entière »[18].

En d'autres termes, lorsque nous parlons de progrès dans un sens emphatique (moderne, donc), il s'agit d'un processus social universel qui traverse toutes les sphères de la vie humaine, au point d'être quelque chose qui caractérise le mouvement de l'histoire dans son ensemble. Toutefois, ce processus se limite en quelque sorte à ce que Hobsbawm a appelé le « long XIXe siècle », c'est-à-dire à la période comprise entre 1789 et 1914 : une époque où il est « difficile d'obtenir une légitimité politique sans être en même temps progressiste »[19]. C'est à partir de la guerre de 1914, catastrophe sans précédent qui frappe le cœur de la civilisation européenne, que les visions progressistes de l'histoire commencent à perdre leur sens.

En effet, face à la mitrailleuse et au gaz commencent à apparaître des visions non progressistes de la technique, aussi bien parmi les critiques de cette dernière que parmi ses apologistes – par exemple chez des auteurs proches de la *konservative Revolution* allemande, ou de ce que Jeffrey Herf appelle le « modernisme réactionnaire »[20] qui comprend des auteurs comme Carl Schmitt, Oswald Spengler, Ernst Jünger, Werner Sombart, Hans Freyer ; ou encore, si l'on sort de ce cercle étroit, on peut citer Martin Heidegger[21] et Arnold Gehlen parmi les théoriciens allemands conservateurs qui ont abordé la question de la technique après la Grande Guerre. Au lieu de simplement réfuter certains de ces points de vue comme « irrationalistes », comme a tendance à le faire Herf dans son étude, nous allons essayer de comprendre comment ces conceptions anti-progressistes de la technique, élaborées par des auteurs qui ont flirté avec, ont anticipé ou même adhéré au fascisme, révèlent une vérité historique – ils sont un symptôme social de ce qu'Anders appelle plus tard « décalage prométhéen ». Plus précisément, les visions anti-progressistes de la technologie que nous allons analyser ici regroupent moins les critiques romantiques du XIXe siècle à l'égard de la civilisation en général et leurs descendants intellectuels du XXe siècle (de gauche comme de droite), que les penseurs qui, du point de vue des « idéaux », sont antimodernes et anti-bourgeois, c'est-à-dire rejettent le libéralisme, les Lumières, l'idée de progrès social, etc. mais sont, en revanche, des enthousiastes de la technique la plus avancée. Cette conjonction historique morbide, dans laquelle les progrès particuliers qui formaient « le » progrès sont désormais dissociés, trouve son expression culturelle et idéologique par exemple dans le Futurisme italien.

■ 17. R. Koselleck, *Begriffsgeschichten*, op. cit., p. 174.
■ 18. *Ibid.*, p. 173.
■ 19. *Ibid.*, p. 174.
■ 20. J. Herf, *Le modernisme réactionnaire : haine de la raison et culte de la technologie aux sources du nazisme*, trad. fr. F. Joly, Paris, L'Échappée, 2018.
■ 21. Il est important de souligner que Heidegger, en tant que penseur de la technique de cette génération, ne partage pas la technophilie des auteurs du « modernisme réactionnaire ».

Cela n'a pas échappé à Benjamin qui, à la fin de l'essai sur *L'œuvre d'art à l'époque de sa reproductibilité technique*, cite l'extrait suivant d'un manifeste de Marinetti sur la guerre coloniale en Éthiopie :

> Depuis vingt-sept ans, nous autres futuristes nous nous élevons contre l'affirmation que la guerre n'est pas esthétique. [...] Aussi sommes-nous amenés à constater [...] que la guerre est belle, car, grâce aux masques à gaz, aux terrifiants mégaphones, aux lance-flammes et aux petits tanks, elle fonde la suprématie de l'homme sur la machine subjuguée. La guerre est belle, car elle réalise pour la première fois le rêve d'un corps humain métallique[22].

Ce que Benjamin appelle dans cet essai « l'esthétisation de la politique »[23] et qui culmine dans le fascisme n'est en réalité pas si différent de ce qu'Adorno considère comme une tendance générale de la civilisation, à savoir une rationalisation totale des moyens liée à une irrationalité aveugle concernant les fins. La barbarie se définit alors comme une tautologie monstrueuse. C'est exactement ce que veut dire Benjamin lorsqu'il affirme que « l'art pour l'art » trouve chez Marinetti « son accomplissement ». Il s'agit d'un phénomène en quelque sort analogue à la technique pour la technique ou à la guerre pour la guerre, c'est le moment où l'humanité « s'est suffisamment aliénée à elle-même pour être capable de vivre sa propre destruction comme une jouissance esthétique de tout premier ordre »[24]. Cette affirmation vaut également pour Ernst Jünger, dont le volume *Guerre et guerriers*[25] n'est selon Benjamin « rien d'autre qu'une transposition débridée des thèses de *l'art pour l'art* au domaine de la guerre »[26]. En effet, dans *La guerre comme expérience intérieure*, Jünger identifie la guerre à des « spectacles splendides et impitoyables », et affirme que « s'abîmer dans leur inutilité sublime comme on le fait dans une œuvre d'art ou dans le ciel étoilé, voilà qui n'est accordé qu'à peu d'entre nous. Mais qui dans cette guerre n'éprouva que la négation, que la souffrance propre, et non l'affirmation, le mouvement supérieur, l'aura vécue en esclave. Il l'aura vécue du dehors et non de l'intérieur ». Celui-ci ne reconnaît pas qu'aujourd'hui, « nous écrivons des poèmes d'acier »[27].

Non seulement ce modernisme réactionnaire transforme la guerre et la destruction en frisson esthétique lorsqu'il fait l'éloge de l'éclat froid des métaux brûlants contre la fragile chair humaine, mais il fait aussi l'éloge de l'un des principes de base de la modernité : *l'accélération*. Comme l'analyse bien Koselleck[28], l'expérience de l'accélération du temps est vécue dans la pratique comme un mouvement dans l'espace, donc comme *vitesse*. Tout l'imaginaire des locomotives et des chemins de fer au XIXe siècle est lié à ce principe, et ce n'est pas un hasard si Benjamin leur consacre de longues

■ 22. W. Benjamin, « L'œuvre d'art à l'époque de sa reproductibilité technique (dernière version de 1939) », dans *Œuvres III*, Paris, Gallimard, 2000, p. 315.
■ 23. *Ibid.*, p. 316.
■ 24. *Ibid.*
■ 25. E. Jünger (hrsg.), *Krieg und Krieger*, Berlin, Junker und Dünnhaupt Verlag, 1930.
■ 26. W. Benjamin, « Théories du fascisme allemand », *op. cit.*, p. 201.
■ 27. E. Jünger, *La guerre comme expérience intérieure*, trad. fr. F. Poncet, Paris, Christian Bourgois, 1997, p. 164.
■ 28. R. Koselleck, « Gibt es eine Beschleunigung der Geschichte ? [Y a-t-il une accélération de l'histoire ?] » dans *Zeitschichten* [Les strates de l'histoire], Frankfurt am Main, Suhrkamp, 2000, p. 150 *sq.*

analyses dans *Le livre des passages*. Ce n'est pas précisément le mouvement rythmique des trains – qui a inspiré tous les mouvements progressistes du siècle précédent – qu'avait à l'esprit Marinetti, mais l'image bruyante et aveuglante d'une puissante traction automobile :

« Nous déclarons que la splendeur du monde s'est enrichie d'une beauté nouvelle : la beauté de la vitesse. [...] une automobile rugissante, qui a l'air de courir sur de la mitraille, est plus belle que la *Victoire de Samothrace* »[29]. En affirmant la supériorité esthétique et technique d'une voiture sur l'art grec, Marinetti exprime, contre l'éternité classique du marbre, le sublime de la destruction purificatrice opérée par la plus haute création humaine : non plus les antiquités des musées, mais bien les nouvelles et puissantes machines. « Nous voulons démolir les musées, les bibliothèques, combattre le moralisme, le féminisme et toutes les lâchetés opportunistes et utilitaires », affirme encore Marinetti[30].

> La révolution n'est pas un processus d'accélération de la combustion mais son arrêt dans un acte d'anticipation.

Ce modernisme fasciste présente ainsi une forme assez particulière de « contre-culture ». Après tout, selon les termes d'Adorno, les fascistes « s'attaquent à l'esprit d'ores et déjà insupportable en lui-même, en s'attribuant de surcroit un rôle de purificateurs et de révolutionnaires. [...] "Quand j'entends parler de culture, je sors mon révolver", disait le porte-parole de la Chambre hitlérienne de la culture »[31]. Si la misogynie apparaît clairement dans les manifestes de Marinetti, il faut tenir compte du fait que la haine envers les femmes est ici liée à la passion pour la machine et pour la destruction. Autrement dit, c'est une nouvelle sorte de misogynie qui résulte moins d'un traditionalisme conservateur que d'une misanthropie ultramoderne : l'homme technologique, le conducteur de machines, aurait déjà dépassé la catégorie anthropologique d'« humain », étant lui-même « post-humain » ; tandis que « la femme »[32], inadaptée au monde de la guerre et de la technique, serait un corps non métallique, un vestige de l'humanité faible non modernisable, donc quelque chose de méprisable.

On ne peut expliquer l'antihumanisme de ce modernisme fasciste (si l'on élargit notre réflexion en dehors du cercle des futuristes italiens) si l'on se contente de pointer un « irrationalisme fasciste », ou un simple « déficit d'humanisme politique », comme le fait Helmut Plessner dans *Die verspätete Nation* [La Nation en retard] en réfléchissant sur la barbarie allemande[33]. Il est toujours utile de rappeler l'intuition d'Adorno selon laquelle l'agitation idéologique fasciste, qui prend la société telle qu'elle est, n'a besoin que d'un effort relativement réduit pour atteindre ses objectifs :

> Il se peut fort bien que ce soit là le secret de la propagande fasciste : elle considère simplement les hommes comme ils sont, [...] la propagande fasciste

■ 29. F. T. Marinetti, *Manifeste du futurisme*, Paris, Voix d'encre, 2014, p. 10.
■ 30. *Ibid.*, p. 11.
■ 31. T. W. Adorno, « Critique de la culture et société », *Prismes*, Paris, Payot et Rivages, 2018, p. 18.
■ 32. F. T Marinetti, *Manifeste du futurisme, op. cit.*, p. 13.
■ 33. H. Plessner, *Die verspätete Nation*, Frankfurt am Main, Suhrkamp, 1982, p. 19.

L'INNOCENCE PERDUE DES FORCES PRODUCTIVES

peut se contenter de reproduire la mentalité existante pour servir ses propres desseins – elle n'a pas besoin d'induire du changement [...][34].

On peut parler d'un « irrationalisme » seulement si l'on le comprend comme une « internalisation des aspects irrationnels de la société moderne »[35]. Autrement dit, à l'heure d'une technophilie aussi grotesque, le fait que cette société ait produit des individus abasourdis ou simplement indifférents par rapport à la monstrueuse destructivité du progrès technique n'a rien de surprenant. D'une certaine manière, il existe une misanthropie socialement objective dans la civilisation technologique qui découle du développement du capital lui-même, et qui se manifeste par divers types de subjectivation. Ce qu'Anders appelle la « honte prométhéenne » est alors l'une de ces formes de subjectivation qui constitue « *un deuxième degré dans l'histoire de la réification* » : il s'agit de « *la honte de ne pas être une chose* » (OH1, p. 45).

Un des éléments de la dialectique de la technique est l'inversion de la relation sujet-objet que l'on connaît également sous le nom de *fétichisme*. Ce n'est pas un hasard si l'un des documents littéraires les plus célèbres de la société industrielle, le roman *Frankenstein ou Prométhée moderne* de Mary Shelley, publié en 1818, porte sur cette inversion du sujet et de l'objet : le passage d'un grand pouvoir (créateur) à l'impuissance (face à la créature monstrueuse et devenue autonome). Le grand triomphe de l'être humain fait de lui un grand échec. Il devient plus petit que lui-même, en particulier à cause de son corps qui participe désormais de ce décalage. Pour Anders :

> [le corps] du constructeur de fusées ne se distingue pratiquement pas de celui de l'homme des cavernes. Il est stable sur le plan morphologique. Moralement parlant, il est raide, récalcitrant et borné ; du point de vue des instruments : conservateur, imperfectible, obsolète – un poids mort dans l'irrésistible ascension des instruments. Bref, *le sujet de la liberté et celui de la soumission sont intervertis : les choses sont libres, c'est l'homme qui ne l'est pas* (OH1, p. 50).

Par conséquent, la misanthropie ou l'inversion des rapports entre sujet et objet a quelque chose d'objectif. Certes, il est vrai que l'Allemagne fasciste se trouve dans une situation idéologique particulière, et particulièrement monstrueuse. La division politique traditionnelle qui avait organisé le XIXᵉ siècle était celle entre, d'un côté, les progressistes partisans de la technologie et des Lumières et, de l'autre, ceux qui les rejetaient, les conservateurs. Les thèses de Herf mettent en évidence que la montée du fascisme s'est produite en quelque sorte par la synthèse sinistre entre ces deux pôles, à la fois en rejetant les idéaux des Lumières et en intégrant avec force l'idéologie du progrès technologique. C'est de là qu'émerge le « modernisme réactionnaire » qui, si l'on reprend les termes de Herf, est la réconciliation des « idées antimodernistes, romantiques et irrationalistes présentes dans le nationalisme allemand,

---

■ 34. T. W. Adorno, « La théorie freudienne et le modèle de la propagande fasciste » [1951], dans *Le conflit des sociologies. Théorie critique et sciences sociales*, trad. fr. J. Christ *et al.*, Paris, Payot, 2016, p. 37.
■ 35. *Ibid.*

avec la technologie moderne, qui est la manifestation la plus évidente de la rationalité instrumentale »[36]. Mais pour Herf, toute cette pensée allemande conservatrice de la République de Weimar dont la réflexion porte sur la technique et qui est au fond une aberration idéologique, ne serait qu'une *spécificité nationale.* Il écrit :

La société allemande ne resta qu'en partie éclairée. L'analyse proposée par Horkheimer et Adorno négligeait ce contexte national, cette spécificité qu'était ce rejet allemand des Lumières, et elle tendait à effacer les spécificités des difficultés allemandes en en faisant des dilemmes propres à la modernité en tant que telle. En conséquence, ils imputèrent aux Lumières ce qui était en réalité le résultat des grandes faiblesses du pays[37].

Abusant de la notion d'« irrationalisme », Herf finit par rejeter la vision de l'École de Francfort selon laquelle il existe une dialectique immanente au processus civilisateur – bien que cette thèse soit déjà présente chez Marx lorsqu'il affirme, anticipant toute la dialectique des Lumières, que la « barbarie réapparait, mais, cette fois, elle est engendrée au sein même de la civilisation et en fait partie intégrante. C'est la barbarie lépreuse, la barbarie comme lèpre de la civilisation »[38]. Le prix de ce rejet a été pour Herf d'adopter une vision « dualiste » (comme le souligne Francisco de Oliveira à propos de la CEPAL et des théoriciens du sous-développement[39]), considérant le fascisme et ses manifestations idéologiques comme un symptôme de « retard ». Autrement dit, le modernisme réactionnaire serait pour lui le résultat non pas des Lumières elles-mêmes, mais de leur insuffisance en Allemagne – on peut dire que c'est là le cœur de la lecture de Plessner, de Habermas et du consensus libéral allemand d'après-guerre. Mais pour affirmer cela, il faut ignorer Hiroshima, à moins de considérer que le projet Manhattan est lui aussi le résultat de Lumières seulement partielles.

Le nouveau stade de réification dont il s'agit ici ne se limite donc pas au fascisme comme interrègne dans le cours normal des choses, c'est-à-dire à un moment particulier où le progrès technique est lié de manière flagrante à la régression sociale, de sorte qu'après cette parenthèse d'obscurité dans l'histoire de la civilisation, la normalité historique aurait repris son cours. Il n'est pas non plus nécessaire de rappeler qu'après la lutte entre la lumière et les ténèbres qu'a représentée la Seconde Guerre mondiale, ce sont ceux qui ont « vaincu » le fascisme, c'est-à-dire les Alliés, qui ont donné le feu vert à ce que l'on a commencé à appeler l'âge atomique (qui est toujours le nôtre, malgré l'euphorie de la « paix » de l'après-guerre froide), et à tout progrès qui y est lié, à commencer par les fusées intercontinentales, les voyages dans l'espace, etc. L'antihumanisme objectif (ou l'« auto-aliénation de l'humanité », comme dirait Benjamin) dispense des exaltations esthétiques d'un Marinetti.

■ 36. J. Herf, *Le modernisme réactionnaire, op. cit.,* p. 21 *sq.*
■ 37. *Ibid.,* p. 31 *sq.*
■ 38. K. Marx, « Arbeitslohn [Salaire] » (1847), dans *Kleine ökonomische Schriften.* Berlin, Dietz, 1955, p. 245. Cité par M. Löwy, *Walter Benjamin, Avertissement d'incendie. Une lecture des thèses sur le concept d'histoire,* Paris, L'éclat, « Philosophie imaginaire », 2014, p. 94.
■ 39. F. de Oliveira, *Crítica da Razão Dualista,* São Paulo, Boitempo, 2003.

Rappelons-nous par exemple ce que décrit Robert Jungk à propos des expériences menées par l'armée de l'air américaine pour rattraper le méprisé « retard » de l'homme face à la supériorité de la machine :

> La grande tâche à laquelle s'attellent les « chambres de torture scientifique » est la suivante : comment doter l'homme de moyens lui permettant de suivre le développement de machines sans cesse nouvelles, sans cesse plus rapides, dont le rayon d'action s'élargit constamment ? [...] Un instructeur de l'U.S. Air Force, au cours d'une conférence à la célèbre École de l'Air de Randolph Field, formulait ainsi sa pensée : Considéré sous l'angle de la technique aéronautique future, l'homme actuel est un « ratage ». Et quatre-vingts aspirants aviateurs notaient docilement, simplifiant encore la simplification du conférencier : « L'homme, un ratage ! »[40].

La révolution conservatrice et la technique

Si Ernst Jünger a retenu l'attention de Walter Benjamin, c'est parce qu'au-delà d'un simple exotisme littéraire, il présentait une vérité historique que les conservateurs ont appréhendée même s'ils l'ont exprimée sous forme d'une cynique apologie. Il faut dire que tant les marxistes « officiels » (des Soviétiques aux sociaux-démocrates) que les libéraux ont continué à défendre une vision dite « neutre » de la technique, qui coïncide à son tour avec la conception progressiste de l'histoire. Aujourd'hui encore, de nombreux marxistes restent réticents à tirer les conséquences d'une critique de la technique, souvent parce qu'ils la confondent avec une sorte d'éloge du féodalisme et des liens agraires. Même quelqu'un de la stature intellectuelle de Franz Neumann en est venu à croire que l'union entre le « caractère magique de la propagande [hitlérienne] » et la rationalité industrielle était une contradiction insoutenable, au point de penser (telle était la force de sa croyance dans la science et la technique) que les ingénieurs allemands seraient les premiers à reconnaître l'irrationalité de l'idéologie nazie, et que cet « antagonisme entre [eux] et le capitalisme totalitaire de monopole [était] l'une des faiblesses les plus graves du régime », parce qu'ils exerçaient « la profession la plus rationnelle qui soit »[41]. C'est évidemment le contraire qui s'est produit. Herf consacre un chapitre entier à montrer comment les ingénieurs du Troisième Reich, au-delà de leur collaboration strictement technique, constituaient activement un important pilier intellectuel du « modernisme réactionnaire ».

Tout comme Marinetti, Max Eyth, un ingénieur allemand avec un penchant poétique, affirmait en 1904 dans son ouvrage *Lebendige Kräfte* [Forces vivantes] qu'il y avait plus de « *Geist* [esprit] » dans une locomotive ou un moteur électrique que dans les phrases les plus élégantes de Cicéron ou de Virgile. En d'autres termes, le but de ces penseurs réactionnaires est non seulement de réconcilier *Technik* et *Kultur*, mais aussi d'affirmer que la technique n'est pas qu'une chose bureaucratique, froide et sans âme, mais

■ 40. R. Jungk, *Le futur a déjà commencé*, trad. fr. H. Daussy, Paris-Grenoble, Arthaud, 1954, p. 59.
■ 41. Voir F. Neumann, *Béhémoth*, trad. fr. G. Dauvé et J.-L. Boireau, Paris, Payot, 1987, p. 440.

qu'elle est plus « culturelle » que la culture elle-même[42]. En d'autres termes, il s'agissait de retirer de la *Kultur* allemande et du romantisme du XIXe siècle tous les aspects de résistance au progrès matériel, mais de maintenir l'opposition à la *Zivilisation* bourgeoise et étrangère, ce qui aboutissait à une réconciliation apothéotique entre la technique, la culture et la nature.

Il est évident que, dans une conception progressiste de la technique, de telles considérations ne sont pas pertinentes : selon elle, les moyens sont neutres ; par conséquent, il ne serait même pas utile de les considérer en tant que tels, ce qui importe, ce sont les fins. C'est-à-dire que, tout comme un couteau peut être utilisé pour couper un fromage mais aussi la gorge d'un être humain, la technique la plus complexe (comme le napalm ou la bombe atomique) est un moyen qui peut être analytiquement séparé de ses fins. Mais une théorie critique de la technique doit procéder différemment. Comme le dit Simone Weil :

> la méthode la plus défectueuse possible, celle qui prétend apprécier chaque guerre par les fins poursuivies et non par le caractère des moyens employés. [...] La méthode matérialiste consiste avant tout à examiner n'importe quel fait humain en tenant compte bien moins des fins poursuivies que des conséquences nécessairement impliquées par le jeu même des moyens mis en usage[43].

Il n'est donc pas étonnant que les longues réflexions d'Anders sur la bombe atomique ne comportent pas d'analyse géopolitique précise de la guerre froide. Il s'opposait en cela au consensus de la gauche d'après-guerre, qui ne voyait pas le problème de l'existence de la bombe en tant que tel, mais voulait seulement savoir si elle était entre les bonnes mains. Puisque la fin est déjà contenue dans les moyens, il s'agissait d'établir qu'il n'y a pas de « bonnes mains » pour la bombe atomique. Anders établit en effet que la « *la bombe n'est pas un "moyen"* » en tant que son absolue grandeur met en échec le principe moyen-fin en tant que tel (OH1, p. 277 *sq.*). En outre, l'œil matérialiste se méfie également des approches dites « propositives », où l'on invente des termes comme « technodiversité », « cosmotechnique », etc. qui, outre qu'ils glissent dans une apologie indirecte, ne parviennent pas à expliquer la réalité sociale et restent abstraits (au sens hégélien), c'est-à-dire soustraits à leur lien avec la totalité. De telles conceptions, encore innocemment progressistes malgré leur vernis « décolonial » et leur attention réconfortante à la contingence locale, sont même en deçà d'un penseur réactionnaire comme Jünger, pour qui les « visions du monde », totalisantes ou non, sont impuissantes face à la matérialité de l'objet technique : « Mais les sentiments du cœur et les systèmes de l'esprit sont réfutables tandis qu'un objet est irréfutable – et la mitrailleuse est un objet de ce genre »[44].

À partir de son expérience personnelle de la guerre, Jünger a reconnu que la technique moderne était porteuse d'un aspect *infernal* au sein de la

■ 42. J. Herf, *Le modernisme réactionnaire, op. cit.*, p. 227.
■ 43. S. Weil, *Réflexions sur la guerre*, dans *Œuvres*, Paris, Gallimard, 1999, p. 455.
■ 44. E. Jünger, *Le Travailleur, op. cit.*, § 32, p. 146.

civilisation moderne. « Son pessimisme pervers et extatique lui faisait rejeter la notion de technique comme partie intégrante du progrès historique »[45]. Si Benjamin combattait le progressisme de la social-démocratie allemande, il ne pouvait manquer de reconnaître que Jünger (au plus haut point son ennemi politique) était plus proche de la vérité que cette dernière lorsqu'il affirmait que « les arguments ne manquent pas aujourd'hui qui permettront d'accréditer le constat que le progrès n'est pas une progression » mais une « illusion d'optique ». Dans un mélange de description empirique et d'apologie enthousiaste, Jünger affirme que la « mobilisation totale » était un moyen d'extraire au maximum l'énergie afin de fusionner guerre et travail, de sorte qu'il n'y ait plus là « aucun atome étranger au travail »[46]. Selon lui, la guerre est devenue un « gigantesque processus de travail » dans lequel la vie est de plus en plus convertie en énergie. Dans *Le Travailleur*, l'ouvrier moderne avait déjà la figure belliciste du soldat – et vice versa : le soldat est l'ouvrier par excellence, dont la « *Gestalt* » [figure] est le dépassement de l'individu bourgeois. Voilà la guerre moderne : « à la guerre des chevaliers, à celle des souverains, succède la guerre des travailleurs »[47]. Si, dans le berceau du capitalisme, les premiers travailleurs salariés ont été associés à des soldats, aujourd'hui ce principe est généralisé – il devient *total*.

Bien qu'il utilise la jouissance esthétique come une manière de mystifier cette réalité technico-économique, Jünger décrit des scènes infernales et apocalyptiques qui n'ont en fait rien de fictif ni de fantastique. Comme le souligne John Orr, il est important de noter un autre « événement historique majeur qui a presque autant impressionné [Jünger] que son expérience du combat. » Il s'agit du « processus d'industrialisation forcée en Russie par les plans quinquennaux »[48]. Bien que farouchement antimarxiste, il admire « l'accent idéologique mis sur le travail en Russie soviétique », accent qui est pour lui « intrinsèque à la création des victimes sacrificielles de l'industrialisation »[49]. Rappelons que chez Jünger, le travail a une signification cosmologique : les hommes travaillent comme le soleil travaille dans sa production de chaleur et de lumière. En général, la notion de travail joue un rôle essentiel pour ces intellectuels conservateurs qui étaient toujours en même temps des intellectuels anti-intellectualistes.

Cette apologie du travail et de la technologie fonctionne chez ces modernistes réactionnaires comme une révolte du « concret » (*le sang et le sol*, désormais unis par *l'acier*) contre les « hommes abstraits » (Juifs, marxistes, intellectuels, mais aussi banquiers, etc.) : « Ils réussirent dans le pays de la contre-révolution romantique hostile aux Lumières, à extraire la technologie du registre de la *Zivilisation* – synonyme de raison, d'intellect, d'internationalisme, de matérialisme et de finance – pour l'intégrer au symbolisme et au langage de la *Kultur* – au registre de la communauté du sang, de la volonté, du moi,

---

■ 45. J. Orr, « German social theory and the hidden face of technology », *European Journal of Sociology* 15 (3), p. 313.
■ 46. E. Jünger, « La Mobilisation totale », dans *L'État universel*, trad fr. H. Plard et M. B. de Launay, , Paris, Gallimard, 1990, p. 100, p. 101 et p. 113.
■ 47. *Ibid.*
■ 48. J. Orr, « German social theory and the hidden face of technology », *op. cit.*, p. 318.
■ 49. *Ibid.*

de la forme ou figure, de la productivité, et enfin de la race »[50]. On trouve cette mystique du travail concret également chez Heidegger qui encourageait ses propres étudiants à participer au Service du Travail Obligatoire mis en place par les nazis pour qu'ils apprennent à organiser « l'ensemble de leur existence d'une manière plus simple, plus rude et plus ascétique que leurs autres camarades »[51]. Si Heidegger préférait l'authentique rusticité de la campagne à l'urbanité dégénérée et philistine des *Asphaltliteraten* [écrivains des grandes villes], l'idéologie réactionnaire de Jünger n'avait, en revanche, rien de rural. Au contraire, il était un enthousiaste de la métropole (comme le souligne son texte de 1926, *Großstadt und Land* [Grande ville et campagne][52]). Jünger n'était pas nostalgique du XIXe siècle, bien au contraire : c'est selon lui le siècle bourgeois par excellence qui a recherché le confort et la sécurité, et évité la douleur. À l'inverse, le XXe siècle promettait d'être héroïque : le siècle de la guerre et du travail.

Il y a bien un « changement de paradigme » décisif entre le XIXe et le XXe siècle dont Benjamin, grâce à son sens aigu de l'histoire, était bien conscient. Si le siècle précédent avait été celui du progressisme, le XXe siècle est le moment où « le positivisme échoue ». Car, dans « le développement de la technique, il n'a pu voir que les progrès des sciences de la nature, non les régressions de la société », et a ignoré que « dans cette société, la technique sert uniquement à produire des marchandises »[53]. Tant les positivistes que les sociaux-démocrates (et au fond, Benjamin voulait dire aussi : les marxistes)

méconnurent l'aspect destructeur de ce développement, *parce qu'ils ignoraient l'aspect destructeur de la dialectique.* Un pronostic s'imposait, mais se fit attendre. Un phénomène caractéristique du siècle passé fut ainsi scellé : la réception avortée de la technique[54].

En bref : *le siècle de la bourgeoisie a engendré le siècle de la catastrophe,* comme si le XXe siècle était le XIXe siècle qui a pris conscience de lui-même. Le mépris du XIXe siècle apparaît de manière très catégorique également chez Oswald Spengler qui, après la publication de sa gigantesque histoire des civilisations, *Le Déclin de l'Occident*, a écrit un petit livre intitulé *L'homme et la technique* dont l'objectif était de défaire certains malentendus engendrés par l'ouvrage précédent, comme l'idée selon laquelle il s'opposerait à la technique moderne. Spengler a en réalité une conception biologique de la technique qui est pour lui quelque chose que même les animaux possèdent et qui est lié au mouvement dans l'espace de tout ce qui est animé. « On ne peut saisir la signification du technique qu'en partant de l'*âme* »[55]. La technique est, pour

■ 50. J. Herf, *Le modernisme réactionnaire, op. cit.,* p. 40. Sur la révolte nationale-socialiste contre l'abstraction et son lien avec l'antisémitisme, voir l'essai classique de M. Postone, « Anti-semitism and National Socialism », *in* A. Rabinbach and J. Zipes (eds.), *Germans and Jews Since the Holocaust,* New York, Holmes and Meier, 1986.
■ 51. M. Heidegger, « Der Ruf zum Arbeitsdienst [Appel au Service de Travail Obligatoire] », *Freiberger Studentenzeitung,* 23 janvier 1934, cité par J. Orr, *op. cit.,* p. 321.
■ 52. E. Jünger, « Großstadt und Land », in *Deutsches Volkstum,* août 1926, p. 233-234.
■ 53. W. Benjamin, « Eduard Fuchs, collectionneur et historien », dans *Œuvres III, op. cit.* p. 184.
■ 54. *Ibid.* [Je souligne].
■ 55. O. Spengler, *L'homme et la technique : contribution à une philosophie de la vie,* trad. fr. C. Lucchese, R&N Éditions, 2016, p. 13.

lui, la « tactique de la vie » : « *La technique est la tactique de tout le règne vivant [Taktik des ganzen Lebens]*. Elle est la forme intérieure du *processus* à l'œuvre dans le combat qu'est la vie même »[56]. La technique, contrairement à ce que pensaient les humanistes de la *Goethezeit* et leurs héritiers, est pour Spengler inhérente à la culture. Elle est beaucoup plus proche de la *wahre Kultur* que les « littérateurs et esthètes de nos grandes villes, lesquels tiennent l'achèvement d'un roman en plus haute estime que la construction d'un moteur d'avion »[57]. La modernité bourgeoise dont Spengler décrit le déclin a été l'âge des idéaux ; mais comme il le dit : « les idéaux sont des lâchetés [*Ideale sind Feigheiten*] »[58]. Les catastrophes du XXᵉ siècle ont détruit une fois pour toutes ces « idéaux », dont l'humanité se voit désormais libérée :

> Le XXᵉ siècle est enfin devenu mature [...]. À la place de « ainsi doit être » ou « ainsi devrait être » vient l'inexorable : ainsi il est et ainsi il sera. Un scepticisme fier met de côté les sentimentalismes du siècle précédent. Nous avons appris que l'histoire est quelque chose qui ne tient absolument pas compte de nos attentes.[59]

Si l'on retourne le jugement de valeur qu'elle contient, cette affirmation ne manque pas de coïncider avec le diagnostic d'Adorno sur l'idéologie après l'effondrement de la civilisation bourgeoise qui n'a plus aucune norme ou « idéal » à opposer à la société mais se justifie simplement par un « c'est ainsi [*so ist es*] »[60]. Adorno nous permet donc de donner un nom à ce « scepticisme fier » de Spengler : *cynisme.*

De la poudre à canon à la bombe atomique

Il nous faut faire un bref commentaire sur la poudre à canon pour expliciter le lien étroit entre le sens historique de la technique moderne et la guerre. Lorsqu'elle a été mise au point en Europe au XIVᵉ siècle, elle était déjà connue en Chine mais les chrétiens ont eu en premier l'idée de la placer, avec un projectile, dans un tube de fer. Comme le soulignent certains historiens, la poudre à canon et la révolution militaire qu'elle a rendue possible ont été la véritable porte d'entrée de la modernité capitaliste – il suffit de penser que, sans les armes à feu, l'expansion coloniale n'aurait pas été possible. Certains de ces éléments ne sont pas passés inaperçus aux yeux d'Engels. Comme nous le savons, dans la conception marxiste classique, le développement des forces productives a un caractère disruptif en tant qu'il entre en contradiction avec les relations de production existantes et produit un effet destructeur qui, à son tour, peut libérer et transformer les relations sociales. Mais est-ce que cela s'applique également aux forces destructives ? C'est bien le cas si les forces destructives et productives reviennent au même. Dans son *Anti-Dühring*, Engels note à juste titre le contenu social et politique de la technique

---

56. O. Spengler, *L'homme et la technique : contribution à une philosophie de la vie*, op. cit., p. 13.
57. *Ibid.*, p. 10.
58. *Ibid.*, p. 13.
59. *Ibid.*
60. Voir T. W. Adorno, « *L'erreur de Juvénal* » (aphorisme 134) dans *Minima Moralia : réflexions sur la vie mutilée*, Paris, Petite bibliothèque Payot, 2016, p. 284.

militaire, et identifie la poudre à canon à la bourgeoisie émergente. En bon « socialiste scientifique », opposé aux « utopistes » qui voulaient s'écarter du cours nécessaire des choses, il voyait dans le développement de la poudre à canon la combustion inévitable du moteur de l'histoire qui allait dissoudre les relations sociales précapitalistes en même temps qu'elle indiquait un horizon révolutionnaire :

> L'introduction de la poudre à canon et des armes à feu n'était nullement un acte de violence, c'était un progrès industriel, donc économique. L'industrie reste l'industrie, qu'elle s'oriente vers la production ou la destruction d'objets. Et l'introduction des armes à feu a eu un effet de bouleversement non seulement sur la conduite même de la guerre, mais aussi sur les rapports politiques, rapports de domination et de sujétion[61].

Parce qu'elles étaient coûteuses, les armes à feu ont également accéléré la circulation de l'argent. Si les armes prémodernes étaient fabriquées de manière quasi domestique par n'importe quel forgeron de village, c'est-à-dire dans une production décentralisée, ce n'est plus le cas des canons et des mousquets qui ont donné naissance à une véritable industrie. Ce phénomène a également marqué le début d'une autonomisation du domaine militaire. Comme l'explique Robert Kurz :

> L'appareil militaire commença à se détacher de l'organisation sociale. La guerre devint un métier à part entière et les armées des institutions permanentes tendant à dominer le reste de la société [...]. Par suite, on commença à détourner à des fins belliqueuses une part sans précédent des ressources sociales. [...] Le tout nouveau complexe de l'armement et de la guerre prit rapidement le visage d'un Moloch insatiable engloutissant des fortunes gigantesques et auquel les sociétés sacrifiaient le meilleur d'elles-mêmes[62].

C'est donc seulement après coup, c'est-à-dire en respectant la « *Nachträglichkeit* » de la chouette de Minerve mais également en tenant compte de l'ange de l'histoire de Benjamin qui, les yeux écarquillés, regarde en arrière et voit « une seule et unique catastrophe, qui sans cesse amoncelle ruines sur ruines »[63], que nous comprenons aujourd'hui combien l'erreur était grande d'avoir vu dans l'invention des armes à feu en particulier ou dans l'ascension de la bourgeoisie en général, une « étape » nécessaire ou une partie d'un mouvement ascendant. Nous pourrions croire qu'en dépit de ces trébuchements catastrophiques (ou plutôt à grâce à eux), une « ruse de la raison » hégélienne guide le cours des choses pour nous aider à renverser la situation. Il est d'ailleurs curieux que cette ruse ait chez Hegel quelque chose de technique, puisque « le concept de ruse est fixé pour la première

■ 61. F. Engels, *Théorie de la violence* (Anti-Dühring, chap. II), « 10-18 », Paris, UGE, 1972, p. 90.
■ 62. R. Kurz, « La modernité à explosion. Les armes à feu comme moteur du progrès technique, la guerre comme moteur de l'expansion : retour sur les origines du travail abstrait. » [Paru dans la revue allemande *Jungle World* du 9 janvier 2002], trad. fr. Sinziana, publié en ligne par le site palim-psao le 30 août 2018, DOI : http://www.palim-psao.fr/2018/04/le-boom-de-la-modernite-les-armes-a-feu-comme-moteur-du-progres-technique-la-guerre-comme-moteur-de-l-expansion-retour-sur-les-origi.
■ 63. W. Benjamin, « Sur le concept d'histoire », dans *Œuvres III, op. cit.*, p. 434.

fois dans les développements sur la rationalité objectivée dans l'outil »[64]. Cependant, il est probable qu'à la place de cette « ruse de la raison » se trouve plutôt un monstre irrationnel, un « sujet automatique » (Marx) aveugle et sans but. C'est bien ainsi qu'Adorno comprend la philosophie hégélienne de l'histoire : si Hegel avait inclus le vingtième siècle, il aurait dû compter « ces bombes-robots d'Hitler qu'étaient les V2 [...] parmi les faits empiriques qu'il a retenus pour ce qui s'y exprime, d'une façon immédiatement symbolique, de l'état atteint par l'Esprit du monde »[65]. Ces automates de la mort sont pris dans un processus parfaitement dépourvu de subjectivité et « allient à la perfection technique la plus poussée une totale cécité. "J'ai vu l'Esprit du monde", non pas à cheval mais sur les ailes d'une fusée et sans tête, et c'est là en même temps une réfutation de la philosophie de l'histoire de Hegel »[66].

Décrire l'Esprit du monde comme étant « sans tête » ne signifie pas nier l'existence de quelque chose comme une *logique de développement* au sein du processus historique, ni voir dans le cours catastrophique des choses le simple règne du chaos, de la contingence et de la discontinuité. La critique du progrès (du moins celle qui nous occupe ici) implique une compréhension de l'histoire comme une synthèse contradictoire entre la catastrophe et le progrès, telle que l'une contient l'autre[67]. Qu'est-ce que cela signifie ? Comme l'explique Adorno dans un cours : « Il ne faut pas céder à l'alternative entre l'histoire comme continuité et l'histoire comme discontinuité, mais il faut comprendre que c'est précisément dans la discontinuité, dans ce que j'ai appelé la permanence de la catastrophe, que l'histoire est formidablement continue »[68].

Il *existe*, donc, un « progrès », un développement « de la fronde à la bombe atomique »[69], dirait Adorno – mais nous gagnerions peut-être en précision historique si nous disions « de la poudre à canon à la bombe atomique ». Si l'on considère que le cœur du développement technique de la modernité capitaliste se constitue de réactions énergétiques qui accélèrent le processus d'entropie, nous pouvons affirmer que son enjeu n'est pas tant le lancement que l'explosion. Mais une explosion qui, à la différence de l'« éclatement de la finitude » (comme disait Gérard Lebrun à propos de la dialectique hégélienne), ne promet rien – ou plutôt, promet seulement le *Néant*. C'est pour cette raison que selon Anders « *les seigneurs de la bombe sont des nihilistes actifs* » (OH1, p. 329). Autrement dit, c'est un nihilisme socialement objectif – auquel appartient sans aucun doute le désir actuel *d'accélérer l'histoire*. Ce nihilisme n'est donc pas une simple pathologie ou une invention de philosophe. Comme dit Anders « Vouloir réfuter le nihilisme est insensé. Seuls des naïfs ou des opportunistes peuvent se fixer une telle tâche » (OH1, p. 360). Le fondement de ce nihilisme est ainsi une *urgence*

■ 64. L. P. de Caux, « Hegel e o problema da técnica » in *O que nos faz pensar* 48, Rio de Janeiro, v. 29, janvier-juin 2021, p. 84.
■ 65. T. W. Adorno, *Minima Moralia*, op. cit., p. 71-72.
■ 66. *Ibid.*, p. 72.
■ 67. J'ai discuté de ce problème dans une recension du livre d'A. Pollmann, *Fragmente aus der Endzeit : Negatives Geschichtsdenken bei Günther Anders*, Göttingen, Vandenhoeck & Ruprecht, 2019, dans *Das Argument* 336, p. 122-124.
■ 68. T. W. Adorno, *Zur Lehre von der Geschichte und von der Freiheit*. Frankfurt am Main, Suhrkamp, 2006, p. 135.
■ 69. T. W. Adorno, *Dialectique négative*, op. cit., p. 387.

réelle : on ne peut pas réfuter, mais seulement abolir les états d'urgence [*Notstände*] (VON, p. 21 *sq*.).

Lorsque Benjamin diagnostique que le progrès technique signifie en réalité l'inversion du progrès et de la catastrophe, il marque un tournant historico-philosophique où il est désormais reconnu que s'il existe un « esprit du monde » qui détermine le cours des choses, il ne joue pas en notre faveur. Cette thèse constitue le cœur de son opposition au progressisme qui est incarné en Allemagne par la social-démocratie. Cette croyance selon laquelle le cours du monde nous serait favorable est pour Benjamin non seulement fausse, mais aussi politiquement néfaste :

> Rien n'a plus corrompu le mouvement ouvrier allemand que la conviction de nager dans le sens du courant. À ce courant qu'il croyait suivre, la pente était selon lui donnée par le développement de la technique. De là, il n'y avait qu'un pas à franchir pour s'imaginer que le travail industriel, qui s'inscrit à ses yeux dans le cours du progrès technique, représente un acte politique [70].

Benjamin ne conçoit pas la transformation sociale – la révolution – comme l'accélération d'un processus déjà en cours. Bien au contraire : « Marx avait dit que les révolutions sont la locomotive de l'histoire mondiale. Mais il se peut que les choses se présentent tout autrement. Il se peut que les révolutions soient l'acte, par l'humanité qui voyage dans ce train, de tirer les freins d'urgence » [71]. Mais il ne s'agit pas de n'importe quel « frein » : Benjamin ne l'entend pas comme l'élément de contention qui, avec l'accélérateur, maintient le train en marche en conservant une normalité catastrophique. Le frein révolutionnaire n'adoucit pas la conduite : le freinage d'urgence est brusque et violent. Après tout, bien que l'objectif soit *d'éviter* la catastrophe, tirer le frein d'urgence d'un train est en soi comparable à une catastrophe. Moins comme une explosion mais plutôt comme la coupure d'un fusible : « Avant que l'étincelle n'arrive à la dynamite, il faut couper la mèche qui brûle ». La révolution n'est pas un processus d'accélération de la combustion mais son arrêt dans un acte d'anticipation. Pour Anders, notre époque n'en est plus vraiment une, mais est un *délai* [*Frist*] (MN, 247 *sq*.). Benjamin le précède dans son « Avertisseur d'incendie » en affirmant que « Le véritable homme politique ne calcule qu'en termes d'échéances » [72].

Felipe Catalani
Doctorant en philosophie à l'Université de São Paulo

■ 70. W. Benjamin, « Sur le concept d'histoire », *op. cit.*, p. 435-436.
■ 71. W. Benjamin, *Gesammelte Schriften I. 3*, p. 1232, cité par M. Löwy, *La révolution est le frein d'urgence. Essais sur Walter Benjamin*, Paris, L'éclat, « Philosophie imaginaire », 2019, p. 53-54.
■ 72. W. Benjamin, « Avertisseur d'incendie », dans *Sens unique*, trad. fr. J. Lacoste, Maurice Nadeau, Paris, 1988, p. 193.

DOSSIER

Günther Anders

« QUAND LE FANTÔME DEVIENT RÉEL, C'EST LE RÉEL QUI DEVIENT FANTOMATIQUE »
Phénoménologie et critique des médias chez Günther Anders[1]

Reinhard Ellensohn et Kerstin Putz

Cet article a pour objectif d'éclairer la critique de médias développée par Günther Anders dans les deux tomes de *L'Obsolescence de l'homme*. Il s'agit de souligner qu'Anders a, le premier, mis en évidence le devenir spectaculaire de notre société : les médias modernes que sont la télévision et la radio ont entraîné une transformation ontologique du monde réduit à l'état de fantôme entre réalité et apparence, et un bouleversement psychologique du sujet placé dans des états schizophréniques. Notre hypothèse est que cette critique des médias d'Anders se fonde sur et se comprend par une phénoménologie de la « médialité » des actes sensoriels entre activité et passivité, médialité qui va être subvertie par l'ambiguïté ontologique et épistémologique que créent les médias de masse.

L e critique de la culture et « philosophe des médias *avant la lettre** »[2] Günther Anders (1902-1992) a étudié la philosophie (auprès d'Edmund Husserl et Martin Heidegger, entre autres) et l'histoire de l'art. Dans une confrontation critique avec ses maîtres, le futur *philosophe engagé** a repensé, dans ses premiers écrits, la théorie phénoménologique de la perception et de la constitution ainsi que le concept d'« être-dans-le-monde » à l'aune d'une philosophie de la musique et de l'art. S'opposant à l'ocularocentrisme qu'il diagnostique dans la phénoménologie de Husserl, Anders tente de rendre justice à toutes les

---

▥ 1. Cet article a été publié une première fois en allemand sous le titre « "Alles Wirkliche wird phantomhaft, alles Fiktive wirklich". Medienphänomenologie und Medienkritik bei Günther Anders », *in* G. Schweppenhäuser (Hrsg.), *Handbuch der Medienphilosophie*, Darmstadt, WBG (Wissenschaftliche Buchgesellschaft), 2018, p. 63-71 (N.D.T.).

▥ 2. F. Hartmann, « Günther Anders », *in* U. Sander, F. Gross et K.-U. Hugger (Hrsg.), *Handbuch Medienpädagogik*, Wiesbaden, VS, 2008, p. 211.

formes de perceptions sensibles et à leurs fonctions spécifiques de constitution et de compréhension du monde – en attirant particulièrement l'attention sur la différence entre écouter et voir (PE, p. 175 *sq.*). Il regrette l'absence de beauté artistique et naturelle dans l'explicitation pragmatique que Heidegger donne de l'être-dans-le-monde (ÜHa, *Vorbemerkung* [introduction]). À la suite de cette critique, dans ses premiers écrits d'anthropologie philosophique, il interprète l'« être-au… » comme un « être-au… à distance » au sens d'une extranéité au monde [*Weltfremdheit*] qu'il qualifie positivement comme une « ouverture au monde [*Weltoffenheit*] ». Du point de vue épistémologique, cette ouverture au monde signifie que le seul *a priori* de l'être humain est son « aposterioricité », à savoir son besoin d'expérience ; elle signifie que l'horizon des expériences humaines est ouvert. De ce fait, l'anthropologie d'Anders commence par poser la non-fixation de l'être humain à un monde déterminé et fonde sur elle l'« artificialité [*Künstlichkeit*] » principielle des êtres humains (PL, p. 22).

Médialité naturelle et médialité³ artificielle : de la constitution à la construction

L'intérêt épistémologique d'Anders pour la théorie de la perception l'a très vite conduit à s'intéresser également à des formes artificielles de médialité [*Medialität*], d'abord à la radio et au film et, plus tard, à la télévision. Dans sa critique de la technique et des médias, il analyse l'« être-dans-le-monde » qui naît des conditions techniques et médiatiques modernes et caractérise ce nouveau mode d'existence comme un « *ne-pas*-être-*libre*-au-monde » (OH2, p. 217) parfaitement conformiste.

Anders sent que l'ouverture au monde qu'il a constatée anthropologiquement, la non-fixité de l'être humain ainsi que sa diversité, sont aujourd'hui menacées. Sa thèse d'une disparition (postmoderne) du sujet, remplacé par la technique dans sa fonction de Sujet de l'histoire, le conduit à qualifier l'existence actuelle d'« existence médialisée », dans laquelle sont nivelées les différences fondamentales traditionnelles – celles, par exemple entre *poiesis* et *praxis*, entre activité et passivité, entre sujet et objet. Anders utilise ce concept de « médialité » comme une sorte de « panneau d'avertissement » qui est censé nous mettre en garde « de ne plus utiliser des alternatives conceptuelles ayant perdu leur validité » (OH2, p. 146).

Dans sa phénoménologie des médias, Anders met au jour un déplacement du concept de constitution vers le concept de construction, c'est-à-dire un déplacement du monde comme (véritable) phénomène au monde comme (fausse) apparence. La thèse centrale d'Anders selon laquelle le monde devient

---

■ 3. Nous suivons ici la traduction du terme « *Medialität* » dans le tome II de *L'Obsolescence de l'homme*, très bien explicitée par Christophe David dans une note de traduction : « Ce mot est un néologisme forgé par Anders à partir de l'adjectif " *medial*", adjectif qu'il utilise dans un sens bien particulier depuis l'époque de *Über das Haben* (Bonn, Friedrich Cohen, 1928) pour qualifier certaines situations. La visibilité, par exemple, est "médiale" : pour décrire ce qui se passe lorsqu'un homme en voit un autre, il ne suffit pas de dire que l'un est voyant (actif) et l'autre vu (passif). Être vu (passif) c'est aussi se donner à voir (actif). La médialité, c'est cette articulation originaire de passivité et d'activité qu'on peut ensuite toujours tenter de réduire à de l'activité ou à de la passivité. […] La meilleure solution semble donc être de renoncer à traduire ce néologisme et d'introduire en français le néologisme parallèle de "médialité" » (OH2, p. 146, note 9) (N.D.T.).

l'image de ses images signifie un renversement des rapports de fondation entre l'image et la réalité, et des rapports de remplissement entre les actes de l'imagination et ceux de la perception : ce n'est plus l'image qui se fonde sur la réalité, mais le monde qui se fonde sur l'image.

Anders complète ses analyses phénoménologiques par des explications socio-économiques. À cette occasion, il redéfinit la relation entre l'être et la conscience en soulignant la prévalence de la technique sur la politique et l'économie : ce n'est plus l'infrastructure économique qui définit la conscience, mais plutôt une base technique et matérielle. C'est désormais la technique, et non la politique ou l'économie, qui est « notre destin » (OH1, p. 17). La technique est toutefois « neutre vis-à-vis du système politique » ou « post-idéologique » dans la mesure où elle exerce ses effets sur l'être humain et le monde indépendamment des structures socio-économiques sous-jacentes : « [p] *uisque l'idéologique est entré dans le monde des produits lui-même* (et tout spécialement dans le monde des instruments), *nous sommes déjà dans une époque post-idéologique* » (OH2, p. 188-189). Cela signifie que la cible des critiques ne devrait plus être les rapports de productions, mais plutôt les moyens de productions et l'univers des produits : les non-libertés d'aujourd'hui « sont bien davantage les conséquences de la technique que celles des rapports de propriété » (OH2, p. 109 [trad. modifiée]). En ce sens, Anders s'oppose aussi bien à l'optimisme de la technique et de la croyance au progrès, qu'à celui du marxisme et du capitalisme (OH2, p. 29).

> **La fin de l'expérience authentique est liée aussi bien à l'objet de l'expérience (le monde) qu'au sujet de l'expérience (l'être humain).**

Si les concepts marxistes, et en particulier ceux de marchandise et d'aliénation, jouent un rôle central dans la philosophie andersienne des médias, celle-ci se rapporte avant tout à un « état [technique] du monde [*Weltzustand*] ». Plutôt que le « capitalisme », Anders dénonce plus particulièrement l'industrialisation, la production de masse, la consommation de masse, la forme-marchandise, le conformisme, etc., et il le fait toujours dans le cadre d'une « critique de la technique et des masses » marquée par un certain pessimisme culturel[4]. La phénoménologie des médias d'Anders joue ainsi avec les instruments de pensées marxistes-matérialistes et ceux de la critique de la culture pour se donner l'allure d'une critique des médias dont le geste principal est celui du rejet[5].

L'arrière-plan historique et biographique qui sous-tend le développement de cette théorie est, d'un côté, l'expérience des actions de propagande médiatiques que menait le national-socialisme, et, de l'autre, l'aliénation que peut connaître un intellectuel européen appartenant à la grande bourgeoisie et éduqué dans une tradition humaniste, une fois exilé aux États-Unis (de 1936 à 1950) et plongé dans une société de consommation de masse. Le concept esthétique et neutralisant de médias que propose Anders acquiert

■ 4. G. Bollenbeck, *Eine Geschichte der Kulturkritik. Von J. J. Rousseau bis G. Anders* [Une histoire de la critique de la culture. De J. J. Rousseau à G. Anders], München, Beck, 2007, p. 233.

■ 5. Voir L. Engell, *Fernsehtheorie zur Einführung* [Introduction à la théorie de la télévision], Hamburg, Junius, 2012, p. 210.

de plus en plus de traits anti-techniciens au fur et à mesure de cet itinéraire biographique. En indiquant à plusieurs reprises que les catégories esthétiques ne permettent plus de concevoir les médias modernes (OH1, p. 152 *sq.* et p. 165 ; OH2, p. 252-253), Anders manifeste que ses intérêts de recherche changent d'objet pour passer de la médialité naturelle à la médialité artificielle, de la philosophie de l'art à la philosophie de la technique. Et si, pendant son exil, il s'intéresse encore au potentiel politique et didactique de la radio et du film, comme le soulignent certains travaux conservés dans ses archives (LIT 237/W 28-30), il rejette résolument toute conception instrumentale des médias dans sa critique ultérieure de ces derniers (OH1, p. 117 *sq.*).

« Le monde comme fantôme et comme matrice »

Ce titre est celui du plus important essai d'Anders en matière de philosophie des médias, que l'on peut trouver dans le tome 1 de *L'Obsolescence de l'homme*. Il fait évidemment référence au *Monde comme volonté et représentation* d'Arthur Schopenhauer : le « fantôme » désigne le concept ontologique principal du nouveau monde(-média) dans lequel nous vivons, tandis que la « matrice » est son concept épistémologique fondamental. Le trait caractéristique de la pensée d'Anders est en effet un mélange d'observations du quotidien et de réflexions philosophiques, une méthode associative qui lie de nombreux éléments éclectiques, bref un mode d'exposition qu'il qualifie d'« hybride *de métaphysique et de journalisme* » (OH1, p. 17). Du point de vue stylistique, ce dernier se caractérise par un ton qui est tantôt celui de l'exagération, tantôt celui d'une philosophie populaire, ce qu'Anders justifie par des raisons politiques-didactiques et méthodologiques-heuristiques (OH1, p. 29 *sq.*)[6].

Vers une ontologie de l'émission

La caractérisation par Anders d'un concept de monde et d'un sujet de l'expérience transformé par la médialité trouve son point de départ dans l'« ambiguïté ontologique » de l'émission radiophonique ou télévisuelle (OH1, p. 153). Cette ambiguïté décrit la « particularité phénoménologique » des émissions qui contournent et nivellent les alternatives traditionnelles entre être et apparence, réalité et fiction, sérieux et absence de sérieux, présence et absence. Ce qui est émis est en même temps réel et apparent, en même temps présent et absent, au sens où les émissions ont le statut ontologique de « fantômes » (OH1, p. 151 *sq.*). Elles simulent une « véritable » actualité et donnent l'apparence d'être immédiatement importantes pour le sujet, mais ne proposent en réalité qu'une simple « *simultanéité formelle* » des événements (OH1, p. 155).

Anders complète son analyse phénoménologico-ontologique par une étude logique et linguistique, mais aussi par un examen économique des émissions. Ces dernières sont des « jugements apprêtés » et ne rendent jamais qu'un

---

■ 6. Voir également sur ce point J. Gunia, « Extreme Diskurse. Anmerkungen zur Kritik medialer Beschleunigung bei Günther Anders und Paul Virillio [Discours extrêmes. Remarques sur la critique de l'accélération médiale chez Günther Anders et Paul Virillio] », dans L. Fuest et J. Löffler (Hrsg.) *Diskurse des Extremen. Über Extremismus und Radikalität in Theorie, Literatur und Medien* [Discours de l'extrême. Sur l'extrémisme et la radicalité dans la théorie, la littérature et les médias], Würzburg, Königshausen & Neumann, 2005, p. 185.

aspect déterminé des faits, aspect qui est analogue à un jugement « S est P ». Mais cette forme de jugement reste toutefois latente et dissimulée car les émissions prétendent transmettre les choses mêmes de manière immédiate (OH1, p. 183 *sq.*). En somme, ces émissions sont des produits de consommation, donc des marchandises, qui contiennent un jugement inhérent (« leur propre apologie »). Elles transmettent une image toute-faite de la réalité, sans le dire explicitement (OH1, p. 185 *sq.*).

Anders concède cependant qu'il serait faux de dénier tout contenu de vérité aux émissions particulières. Ce qui est faux, c'est plutôt l'« image du monde [*Weltbild*] » que génère(nt) ou forme(nt) la ou les émissions particulière(s), image du monde qui est « moins vraie » que chacune de ses parties : « *Le Tout est le mensonge, seul le Tout est le mensonge* » (OH1, p. 188), affirme Anders en retournant la célèbre formule de Hegel. Les émissions particulières et l'image du monde médial acquièrent en définitive la fonction d'un modèle qui oriente le monde réel et imprime sa forme à nos expériences subjectives. Anders met en évidence les empreintes, matrices ou stéréotypes qui déterminent désormais la construction (de notre expérience) du monde et génèrent un type spécifique d'être humain : le consommateur pour qui le monde devient un objet de consommation.

L'adaptation du monde à la consommation

Selon Anders, les fantômes médiaux prétendent à un certain degré de réalité. Mais si les fantômes acquièrent une réalité, alors la réalité devient fantomatique : « Quand le fantôme devient réel, c'est le réel qui devient fantomatique » (OH1, p. 123). Anders explique cette thèse en diagnostiquant une certaine « familiarisation [*Verbiederung*] » du monde : transmis par les médias, le monde nous paraît familier, clairement reconnaissable et maîtrisable ; les choses donnent l'impression de ne jamais être loin, la différence entre ce qui est important et ce qui ne l'est pas est neutralisée.

Ce phénomène de familiarisation a d'abord des raisons techniques : le « petit format » de l'écran transforme chaque événement réel en « bibelot » (OH1, p. 174). Mais Anders donne également une explication socio-économique de ce phénomène qui relève de la logique marchande des émissions, déjà constatée précédemment : la familiarisation est un « *phénomène de neutralisation* » et le « principal facteur de neutralisation », aujourd'hui, est « le fait que tout soit transformé en marchandise » (OH1, p. 143). Toutefois, ce phénomène est en premier lieu un corollaire de l'aliénation humaine créée par la technique et l'industrie dans le processus quotidien de travail, par l'action des produits eux-mêmes et par l'univers des marchandises dans son ensemble (bien qu'Anders préfère utiliser le concept de « distanciation [*Verfremdung*] » plutôt que celui d'« aliénation [*Entfremdung*] » (OH1, p. 137)). La familiarisation a pour fonction de camoufler ce phénomène d'aliénation et de faire du monde « un unique et gigantesque chez soi », un « *univers familier* [*Universum der Gemütlichkeit*] » (OH1, p. 146) [7].

---

[7]. Voir aussi sur ce point A. Oppolzer, « Entfremdung [Aliénation] », dans W. F. Haug (Hrsg.), *Historisch-kritisches Wörterbuch des Marxismus* [Dictionnaire historique et critique du marxisme], vol. 3, Hambourg, Argument, 1997, p. 465 *sq.*

Anders donne les causes de la plus grande dignité ontologique des émissions par rapport à la réalité dans deux maximes ontologiques latentes et pourtant caractéristiques d'une rationalité technico-industrielle avancée. Conformément au « premier axiome » de l'ontologie de l'économie selon lequel « *ce qui n'a lieu qu'une fois n'"est" pas* » (OH1, p. 206), ce ne sont ni l'unique ou l'individuel, ni le général ou l'idéal, qui possèdent la plus grande dignité ontologique, mais une troisième entité : la série. Le « second axiome de l'ontologie de l'économie : *"Ce qui est inexploitable n'est pas ou ne mérite pas d'être"* » (OH1, p. 210) est pour Anders à l'origine de théories anthropocentriques, en particulier celles d'inspiration heideggérienne, qui rejettent la nature comme une chose contingente qui n'a pas de valeur avant que les produits ne lui en confèrent. Anders reformule ces deux maximes à l'intérieur de son ontologie des médias : cela signifie en premier lieu que seul ce qui est émis « est » véritablement, et en second lieu que la réalité devient une simple matière première pour les émissions. « Les événements du jour doivent devancer leurs propres copies qui les suivent » (OH1, p. 218).

En dernière instance, Anders résume les diagnostics établis dans sa philosophie des médias en trois courtes formules : « *Le monde "nous va parfaitement" ; le monde disparaît ; le monde est postidéologique* » (OH1, p. 222). Ce qu'il veut dire par là, c'est que le monde est adapté à la consommation humaine à travers un processus de transformation médial. Il est restructuré pour devenir une marchandise destinée à notre consommation et devient par conséquent une sorte de « pays de Cocagne » (OH1, p. 232) qui perd son authenticité, son imprévisibilité et sa capacité de résistance. C'est-à-dire que le monde en tant que « médium des distances » est dissous jusque dans ses propres catégories d'espace et de temps. En définitive, le monde apparaît lui-même comme une idéologie, rendant ainsi obsolètes les idéologies explicites. Pour Marx, la réalisation de la vérité était le *télos* d'un monde post-idéologique, alors que, pour Anders, ce monde post-idéologique s'est aujourd'hui imposé comme réalisation de la non-vérité.

L'être humain comme consommateur

Ce n'est pas seulement le monde qui est transformé et façonné par les médias, mais aussi l'être humain en tant que sujet et individu. Anders entame sa critique des médias en diagnostiquant phénoménologiquement un nivellement médial des catégories d'individu et de masse, mais aussi de vie privée et de vie publique. Il décrit le nouveau sujet-type comme un « ermite de masse » consommant des marchandises de masse en solitaire et de manière apparemment individuelle. La « masse » devient alors une qualité de l'individu en même temps qu'elle disparaît en tant que quantité visible (OH1, p. 119 *sq.* ; OH2, p. 256, note 2).

Ce qu'Anders voit de plus fondamental dans la *conditio humana* médiale est la destruction de l'être humain en tant qu'« individu » cohérent, sa transformation en un simple « dividu ». Cette « dispersion [*Zerstreuung*] » de l'être humain, la perte de son intégrité, Anders la décrit comme un phénomène de simultanéité spatiale et fonctionnelle : le sujet est en même temps à différents « endroits du monde [*Weltstellen*] », « *ubique simul,* partout à la fois » (OH1, p. 157), et n'est jamais concentré sur un seul endroit ou un seul objet. Anders appelle également ce phénomène « schizotopie » (OH2, p. 85). C'est dans cette schizotopie que se désintègre le sujet, livré à de multiples médialités, à différentes « fonctions partielles » simultanées qui, à cause de leur incompatibilité, ne peuvent plus être rapportées ou intégrées à une instance unifiée capable de les coordonner, et créent par conséquent une « schizophrénie artificiellement produite » (OH1, p. 157 sq.).

Anders explique ce phénomène de dispersion par un (faux) besoin de distraction qui repose sur l'auto-aliénation de l'être humain en tant qu'individu et en tant que membre de son espèce (au sens d'un être libre, autodéterminé et consciemment actif) dans une société industrialisée déterminée par une organisation moderne du travail[8]. La technique moderne amplifie le fait que le sujet soit caractérisé par différentes fonctions (partielles) et réduit intégralement ce sujet à un porteur de fonctions partielles (Anders parle ici d'une « maladie schizophrénique du travail »). La « livraison » (OH1, p. 131) médiale du monde remplit alors une fonction complémentaire de stabilisation : elle doit assurer la reproduction de la force de travail en reconduisant perpétuellement la schizophrénie, puisqu'elle permet au sujet de vivre son activité aliénée comme un plaisir consommé (OH1, p. 163-164).

Par conséquent, les besoins subjectifs de consommation sont, selon Anders, conditionnés par une morale et des intérêts pratiques. La maxime morale latente d'une société de production et de consommation de masse est la suivante : « *les offres de la marchandise sont les commandements d'aujourd'hui* » (OH1, p. 196). Puisque toute marchandise est un membre (fonctionnel) d'une « famille de marchandise » ou une partie d'un « univers de marchandises », elle crée un besoin pour d'autres marchandises auxquelles elle est liée. Nos besoins sont donc selon Anders les produits de nos produits, ils sont : « *l'empreinte ou la reproduction des besoins des marchandises elles-mêmes* » (OH1, p. 204).

Anders tire deux conséquences de ce constat d'un modelage de l'être humain par les médias, conséquences qui aboutissent à la thèse d'une disparition du sujet : « *ceux qui sont conditionnés ont été préparés à l'être* » et « *l'existence n'est pas libre dans ce monde* » (OH1, p. 222). Dans un monde technique et médial, l'existence est déjà conditionnée *a priori* et a perdu sa capacité à rencontrer un monde imprévisible et résistant, c'est-à-dire qu'elle a perdu l'ouverture au monde qui la caractérisait en tant que sujet. Les médias rendent congruents le monde (comme marchandise) et le sujet (comme consommateur).

La fin de l'expérience

La situation médiale consiste en une relation transformée et désormais unilatérale entre l'être humain et le monde : le monde est perceptible mais le sujet ne l'est pas ; le sujet participe au monde, sans en être lui-même une partie. Le fait que le monde nous est « livré à domicile » par les émissions, que c'est « *le monde qui vient à l'homme et non l'homme au monde* » (OH1,

▨ 8. *Cf.* A. Oppolzer, « Entfremdung », dans W. F. Haug (ed.), *Historisch-kritisches Wörterbuch des Marxismus*, *op. cit.*, p. 465.

p. 130), est selon Anders le principal bouleversement déclenché par les médias modernes, et « le véritable objet » (OH1, p. 130, trad. modifiée) de sa philosophie des médias. Cette livraison à domicile remplace et nous fait effectivement désapprendre l'expérience comme moyen d'auto-détermination, comme impondérable *a posteriori* qui contient toujours en lui la possibilité d'une résistance et d'un échec (OH1, p. 155 *sq.*). Anders ne voit pas dans cette livraison médiale du monde un moyen d'élargir l'horizon subjectif de l'expérience nécessairement limité. Certes, il admet la possibilité théorique que les médias soient un moyen d'optimiser notre champ d'expérience au sens où ils peuvent être des instruments bienvenus contre la « provincialisation » (OH1, p. 156). Mais, en réalité, les médias de masse engendrent une « fausse globalisation » et font de l'être humain non pas un « contemporain [*Zeitgenossen*] » mais un simple « compagnon de l'instant [*Jetztgenossen*] » qui est en définitive « privé de monde [*weltlos*] » (OH1, p. 156-157).

La fin de l'expérience authentique est liée aussi bien à l'objet de l'expérience (le monde) qu'au sujet de l'expérience (l'être humain). L'expérience est pour Anders liée à la possibilité d'une résistance du monde face au sujet et elle est une manière pour le sujet de s'approprier le monde après coup. Ce concept d'expérience (OH1, p. 134 et p. 144-145) qu'Anders a développé dans ses premiers écrits anthropologiques est ainsi devenu obsolète dans un monde qui n'oppose plus la moindre résistance.

Du point de vue du sujet, ce qu'il est important de souligner, c'est que les médias impriment sur lui des schémas perceptifs qui deviennent dès lors des *a priori* épistémologiques, presque des catégories transcendantales. Anders appelle ces schémas engendrés par les médias des « matrices ». Ce sont des « *formes-conditions a priori* » de l'expérience (OH1, p. 194), donc non seulement des formes-conditions *a priori* des idées et de la pensée, mais aussi des sentiments et des actes. Anders développe une sorte de théorie que l'on peut appeler « transcendantale-médiale » de la connaissance, des émotions et de l'action. Nous percevons le monde à travers le prisme de stéréotypes prédéfinis qui déterminent notre horizon d'expérience et d'action. Une forme de construction médiale du monde s'est en quelque sorte substituée à sa constitution naturelle. Les matrices, qui apparaissent comme des « fragments de monde [*Weltstücke*] » pour dissimuler leur véritable fonction, à savoir celle de « construction stéréotypée de l'expérience », s'identifient en définitive avec le monde des fantômes : « *Car les fantômes ne sont rien d'autre que des formes qui apparaissent comme des choses* » (OH1, p. 195).

Extensions et limites

Si Anders définit ses analyses comme des « considérations philosophiques sur la radio et la télévision », les catégories de « fantôme » et de « matrice » sont toutefois applicables à toutes sortes de médias visuels et de supports sonores. Selon Anders, l'« image » est « la catégorie principale » de notre époque, mais aussi le « malheur principal » auquel elle est exposée (OH2, p. 246) : le monde des images et la réception des images se substituent de plus en plus au monde réel et à l'expérience du monde. Un flux d'images consistant en « photos, affiches, images télévisées ou films « recouvrent « sans interruption » (OH2, p. 246-247) le monde "réel". L'analogon acoustique de cette situation est la « musique d'ambiance [*background music*] » qui a pour conséquence la « schizotopie », la « schizophrénie émotionnelle », le conformisme et la déréalisation du monde [9]. Anders impute en particulier à la photographie et à diverses techniques d'enregistrement (le magnétoscope, la cassette) l'intention latente de contrecarrer le caractère unique et éphémère de l'expérience authentique du monde aussi bien que la liquidité des produits médiatiques pour les transformer en biens qu'il est possible de posséder (OH1, p. 75 *sq.*). La photographie est selon Anders un parfait exemple pour mettre en évidence le fait que les reproductions ont une plus grande dignité ontologique que les événements qui n'ont lieu qu'une seule fois, et dispose en outre d'un potentiel de manipulation unique, car elle peut se permettre de « mentir davantage que n'importe quel autre média avant [elle] » (OH1, p. 191 et p. 205 *sq.*).

Après le premier tome de *L'Obsolescence de l'homme*, Anders a partiellement révisé la critique pessimiste qu'il fait de la télévision dans « Le monde comme fantôme et comme matrice ». Ainsi, les images télévisées de la guerre du Vietnam auraient selon lui contribué de manière décisive à la contestation politique des crimes de guerre. Anders reconnaît également que le film télévisuel peut avoir un potentiel politique et didactique s'il remplit certaines conditions esthétiques (par exemple la série télévisée « Holocauste », analysée dans « après "Holocauste" », VH, p. 169 *sq.*).

Analogies et convergences

Anders a lui-même attiré l'attention (K, p. 218) sur l'affinité de sa théorie des médias avec celle de Marshall McLuhan (« the medium is the message » [10]). On a également pu constater des développements analogues chez Neil Postman (*Se distraire à en mourir* [11]), dans la théorie de la simulation de Jean Baudrillard, dans la dromologie de Paul Virilio ainsi que dans les réflexions de Susan Sontag et de Vilém Flusser sur la photographie [12]. Les courtes études d'Adorno sur la télévision abordent de nombreux thèmes qui sont explicités de manière détaillée par Anders : l'inversion de l'image et de la réalité, le format miniature des images et la familiarisation du monde, l'apprêt médial de phénomènes d'aliénation réels et la perpétuation d'un statu quo, et enfin l'émission comme une marchandise qui fait sa propre

■ 9. Voir à ce propos R. Ellensohn, *Der andere Anders. Günther Anders als Musikphilosoph* [L'autre Anders. Günther Anders, philosophe de la musique], Frankfurt am Main, Lang, 2008, p. 144 *sq.*
■ 10. M. McLuhan, *Pour comprendre les médias : les prolongements technologiques de l'homme*, trad. fr. J. Paré, Paris, Seuil, 1977.
■ 11. N. Postman, *Se distraire à en mourir*, trad. fr. Th. de Cherisey, Paris, Fayard-Pluriel, 2011.
■ 12. Ces analogies ont été établies par C. Dries, *Die Welt als Vernichtungslager. Eine kritische Theorie der Moderne im Anschluss an Günther Anders, Hannah Arendt und Hans Jonas* [Le monde comme camp de concentration. Une théorie critique de la modernité à partir de Günther Anders, Hannah Arendt et Hans Jonas], Bielefeld, transcript, 2012, p. 189 ; W. Kramer, *Technokratie als Entmaterialisierung der Welt. Zur Aktualität der Philosophien von Günther Anders und Jean Baudrillard* [La technocratie comme dématérialisation du monde. Sur l'actualité des philosophies de Günther Anders et Jean Baudrillard], Münster-New York-München-Berlin, Waxmann, 1998 ; J. Gunia, « Extreme Diskurse. Anmerkungen zur Kritik medialer Beschleunigung bei Günther Anders und Paul Virillio », in L. Fuest et J. Löffler (Hrsg.) *Diskurse des Extremen, op. cit.* ; F. Hartmann, *Medienphilosophie* [Philosophie des médias], Vienne, WUV, 2000.

publicité[13]. Dans *La Société du spectacle*, Guy Debord, s'inscrivant lui aussi dans la tradition d'une critique marxiste de l'aliénation, met en évidence que le monde(-média) prend une forme-marchandise de telle sorte que le « monde réel » se transforme en « simples images » et que les images deviennent des « êtres réels » efficients[14]. Du point de vue du sujet, ce processus engendre le type du spectateur, qui ressemble à l'ermite de masse andersien dans sa position de réception passive. Anders a anticipé *in nuce* de nombreux *topoï* de la théorie de la télévision issus d'horizons divers : la modification du concept de réalité et la production d'événements par les médias, la confusion et la restructuration des ordres spatiaux et temporels et donc des unités de sens, la constitution de séries et d'indifférence ou encore la dissolution du sujet[15].

Critique et actualité

Anders brosse dans sa philosophie des médias le tableau d'un système médial fermé, déterminant et universel qui ne laisse plus aucune marge de liberté possible au sujet. Cet hermétisme caractéristique de la pensée d'Anders résulte de l'« unilatéralité productive » qu'il s'autorise pour des raisons heuristiques et qui oriente le regard analytique « de manière surdéterminée sur "la" technique »[16]. L'hermétisme est en outre la conséquence du paradigme phénoménologique et ontologique de l'« être-au-monde » qui sous-tend la pensée critique d'Anders à l'égard de la technique. Il a lui-même critiqué l'hermétisme de ce modèle dans ses écrits anthropologiques de jeunesse, en concevant l'être-au... comme un « être-au... à distance ». Dans sa critique ultérieure de Heidegger (ÜH), il a en outre insisté sur le fait que la relation sujet-objet devait être saisie de manière dialectique. Anders néglige ces deux aspects dans sa philosophie de la technique et des médias : pour lui, ce sont précisément ces moments de distance et de liberté qui sont menacés ou rendus obsolètes par l'être-au-monde façonné par la technique et les médias. Le modèle médial du monde que propose Anders, hermétique et surdéterminé par la technique, est finalement la condition de sa thèse de la neutralité systémique de la technique et des médias, qui réduit tous les autres facteurs (socio-économiques) à l'état de marginalité ou à un épiphénomène technologique. Anders ne s'écarte que rarement de son strict paradigme pour laisser entrevoir des espaces de liberté ou des issues possibles. Un exemple : lorsqu'il suggère la possibilité théorique d'une « véritable » mondialisation par la télévision au sens de la production d'un « horizon moral du présent » et qu'il désigne cette possibilité comme souhaitable « si [elle] était utilisé[e] à bon escient » (OH1, p. 156). Par ailleurs, c'est précisément la position unilatérale d'Anders qui « permet de reconnaître des pertes là où d'autres

■ 13. Voir T. W. Adorno, « Prologue sur la télévision » et « La télévision comme idéologie », dans *Modèles critiques*, trad. fr. M. Jimenez, Paris, Payot, 1964, p. 55-64 et p. 65-77.
■ 14. G. Debord, *La Société du spectacle*, § 18, Paris, Gallimard, « Folio », 1992, p. 23.
■ 15. Voir L. Engell, *Fernsehtheorie zur Einführung, op. cit.*
■ 16. B. von Greiff, « Produktion und Destruktion. Günther Anders'Theorie der industriellen Arbeit [Production et destruction. La théorie du travail industriel de Günther Anders] », dans K. P. Liessmann (Hrsg.), *Günther Anders Kontrovers*, München, Beck, 1992, p. 208.

voient un pur progrès »[17], et qui rend parfois sa première critique des médias « prophétique et actuelle »[18].

Étant donné l'interactivité des nouveaux médias numériques, la thèse d'Anders selon laquelle le rapport des médias au monde est unilatéral semble de prime abord obsolète, d'autant plus que la télévision intègre elle aussi autant que possible ces formes d'interaction. En réalité cependant, dans l'espace numérique, l'interaction est en grande partie simulée et demeure sous un contrôle technique et social latent. En ce qui concerne les « *social media* », il semble que trois moments essentiels de la théorie des médias d'Anders puissent être repris *a fortiori* : la construction de la réalité, le façonnage conformiste (par des filtres photographiques par exemple) et enfin la consommation de masse solitaire, c'est-à-dire l'existence en tant qu'ermite de masse. De ce point de vue, la numérisation renforce le caractère illusoire des médias. C'est évident si l'on considère les possibilités qu'offre le traitement numérique des images. La thèse d'Anders sur l'inversion de l'image et de la réalité, avec toutes ses conséquences psychologiques, sociales et ontologiques, acquiert ainsi une validité accrue[19]. Enfin, la critique andersienne de l'« iconomanie » (OH1, p. 75), en particulier de l'iconomanie photographique, associée à son diagnostic d'un « *analphabétisme postlittéraire* » (OH1, p. 17), semble tout à fait contemporaine face à l'omniprésence des images numériques et des selfies. Le soi trouve sa raison d'être dans et par son image reproductible. Enfin, le regard sévère que porte Anders sur le paysage médiatique et sa thèse de la perte du monde pourraient également être lus dans le sens d'une « vraie » mondialisation qu'il ne fait qu'évoquer et qui reste encore à réaliser, dans le sens d'un « gain de monde ».

Reinhard Ellensohn
Institut für Philosophie der Universität Wien

Kerstin Putz
Literaturmuseum der Österreichischen Nationalbibliothek

Traduction de l'allemand par Perrine Wilhelm

---

17. *Ibid.*, p. 209.

18. S. Dietz, « Weltverlust und Medienwirklichkeit. Zur Aktualität von Günther Anders'Fernsehkritik [Perte du monde et réalité des médias. De l'actualité de la critique de la télévision de Günther Anders] », dans *Vorgänge. Zeitschrift für Bürgerrechte und Gesellschaftspolitik 44*, Cahier 1, 2005, p. 3.

19. Voir C. Dries, *Die Welt als Vernichtungslager, op. cit.*, p. 380.

DOSSIER

Günther Anders

« L'HISTOIRE N'EST QUE L'HISTOIRE DE SA PROPRE MÉCOMPRÉHENSION ET FALSIFICATION »
Notes sur la philosophie de l'histoire de Günther Anders

Perrine Wilhelm

Cet article cherche à mettre en évidence qu'Anders a développé une philosophie de l'histoire plurielle et complexe, c'est-à-dire non-linéaire, dès ses premiers écrits d'anthropologie philosophique, mais aussi dans ses œuvres littéraires et théoriques des années 1930-1940, en particulier dans sa *Kulturphilosophie* encore inédite. Il s'agit alors de relire la célèbre thèse andersienne de l'obsolescence de l'histoire : cette dernière signe l'uniformisation, donc l'appauvrissement, de la pluralité des lignes historiques à l'heure où la technique et le conformisme ferment les possibles politiques, idéologiques et artistiques.

En élaborant une méthode « hybride de métaphysique et de journalisme » (OH1, p. 17), Anders pose l'exigence d'analyser les évènements historiques les plus contemporains, au point que toute philosophie se doit d'être une « *philosophie de l'occasion* » (OH2, p. 10) dont la tâche critique porte précisément sur notre époque moderne, sur ce qu'Anders appelle la « troisième révolution industrielle ». Cette révolution industrielle – comme la précédente d'ailleurs – n'est pas caractérisée par une invention technico-scientifique, mais plutôt par les bouleversements ontologiques, métaphysiques et anthropologiques qu'elle occasionne. « Ce n'est donc pas parce qu'elle est une découverte de la physique – même si elle l'est aussi – que l'énergie nucléaire est le symbole de la troisième révolution industrielle, mais parce que son effet possible ou réel est de *nature métaphysique* » (OH2, p. 20). Par-delà tout partage disciplinaire, Anders lie intimement philosophie et histoire. S'il refuse de cantonner sa pensée à une pure histoire de la philosophie, on trouve chez lui une véritable philosophie de l'histoire, une méthode qui lui permet de mettre en évidence les grands tournants historiques de la modernité.

Une question se pose tout de même : la philosophie de l'évènement d'Anders est-elle un paradoxe à l'époque où, comme il l'affirme lui-même, l'histoire est devenue obsolète, ou bien est-elle précisément ce qui lui permet d'opposer une pensée critique à la production généralisée de l'oubli que crée l'accélération constante des moyens techniques ? Mais quelle est donc, au juste, cette histoire que la modernité rend obsolète ? Cet article n'a d'autres objectifs que de retracer ce qu'on pourrait appeler la philosophie de l'histoire de Günther Anders et que l'on peut caractériser comme une philosophie de l'histoire « *plurielle* » (OH2, p. 269) et complexe, une philosophie de la multiplicité des couches historiques, qui n'hésite pas à remettre en question le modèle linéaire de l'histoire – caractérisation que nous préférons à celle d'« histoire négative » [1]. Nous verrons ainsi que si l'anthropologie philosophique d'Anders est bien « négative » (OH2, p. 130), l'histoire en est comme le revers positif, le moment où l'être humain exerce sa liberté en s'intégrant dans le monde commun. La négation de l'histoire n'arrive qu'à l'heure où la technique met en échec toute liberté et uniformise les sens de l'histoire. Cette philosophie de l'histoire d'Anders, on la trouve bien sûr dans des textes historiques au sens propre du terme, comme les *Journaux de l'exil et du retour* où Anders relate sa propre expérience des grands bouleversements historiques du XXe siècle dans une constante interrogation sur le temps. Mais nous souhaitons souligner qu'elle affleure tout particulièrement dans ses écrits théoriques de jeunesse, de l'anthropologie philosophique à la *Kulturphilosophie* [philosophie de la culture] dont les deux principaux manuscrits, encore inédits, ont été écrits entre 1941 et 1947, en passant par ses œuvres littéraires et ses écrits sur l'art.

L'histoire comme puissance de la liberté et remède au nihilisme

L'un des gestes les plus fondamentaux de l'anthropologie philosophique d'Anders est de redéfinir la notion d'histoire en remontant à ses conditions de possibilité. S'il hérite – et nous verrons dans quelle mesure – d'une conception matérialiste de l'histoire pour laquelle cette dernière est le résultat de rapports sociaux et de luttes de pouvoir, Anders tient à rappeler que l'histoire est,

---

1. C'est Anders lui-même qui caractérise son anthropologie philosophique de « négative » (OH2, p. 130), et Christian Dries insiste sur cette négativité dans sa postface au volume *Die Weltfremdheit des Menschen*, intitulée « Von der Weltfremdheit zur Antiquiertheit des Menschen. Günther Anders' negative Anthropologie [De l'extranéité de l'être humain au monde à l'obsolescence de l'homme. L'anthropologie négative de Günther Anders] » (WM, p. 437-535). Cependant, une anthropologie philosophique négative, c'est-à-dire qui ne définit l'être humain que par sa liberté, donc par l'impossibilité de lui donner une définition, n'implique pas nécessairement une philosophie de l'histoire négative. Cette thèse d'une « philosophie négative de l'histoire » est celle d'Anna Pollmann dans sa riche étude *Fragmente aus der Endzeit. Negatives Geschichtsdenken bei Günther Anders* [Fragments du temps de la fin. La pensée négative de l'histoire de Günther Anders], Göttingen, Vandenhoeck & Rurprecht GmbH & Co, 2020. Elle trouve la seule occurrence de ce terme chez Anders dans les *Ketzereien*, où Anders affirme que l'histoire de la philosophie et de la théologie (et non la philosophie de l'histoire) doit être une « *histoire négative* [...] : une *histoire des questions devant lesquelles l'humanité s'est dérobée* » (K, p. 236). Ce livre d'Anna Pollmann apporte toutefois de grandes précisions sur les textes autobiographiques d'Anders et donc aussi sur les différents évènements historiques qu'a connus Anders. Les *Journaux de l'exil et du retour* sont les « éléments structurants » du texte de Pollmann qui utilise « la topographie de l'émigration et de la ré-émigration d'Anders » pour « mettre en relation les étapes importantes de sa pensée historique », *ibid.*, p. 28-29.

antérieurement à toute institution sociale, le résultat de la liberté humaine. Tandis que Marx insiste sur le fait que les êtres humains ne font pas leur propre histoire « arbitrairement, dans des conditions choisies par eux, mais dans des conditions directement données et héritées du passé »[2], Anders remet en lumière que c'est précisément la capacité humaine de s'abstraire de ses déterminations qui rend possible l'édification d'un monde et le déroulement d'une histoire. Anders distingue ainsi les évènements historiques particuliers qui ne peuvent être compris que grâce à leur inscription dans une situation matérielle donnée, et « le fait même de l'histoire » qui doit quant à lui « être mis d'avance sur le compte de la situation spécifique de l'homme dans le monde » (IAP, p. 74, note 2), c'est-à-dire expliqué au moyen de l'anthropologie philosophique.

Si l'anthropologie philosophique d'Anders est « négative », c'est parce que la seule définition possible de l'être humain est son absence de définition fixe, sa seule nature est son artificialité (PL, p. 22), c'est-à-dire sa capacité à produire et à transformer continuellement ses conditions d'existence, et à se transformer lui-même au cours de ce processus. On comprend alors que l'histoire constitue le moment positif et constructif de cette anthropologie négative, le moment où l'être humain s'insère dans le monde pour le produire. « [Q]uand dans le concept de l'homme on souligne que c'est une existence non fixée […] l'histoire pleine d'expériences de mondes et de styles humains ne s'oppose plus à l'anthropologie philosophique, *l'histoire, c'est précisément l'homme dans son manque de fixité* » (IAP, p. 74). Anders parvient ainsi à lever la contradiction apparente entre l'anthropologie comme fixation d'une différence spécifique de l'être humain et l'inscription de ce dernier dans l'histoire, c'est-à-dire sa perpétuellement transformation[3]. L'extranéité de l'humain au monde [*Weltfremdheit*], sa capacité de s'abstraire de toute donnée « matérielle » (relative au matériau du monde, WM, p. 93 *sq.*), n'est rien de moins que la condition de possibilité de sa transformation, c'est-à-dire de son historicité :

L'inachèvement de l'homme est […] la *conditio sine qua non* (mais pas la *conditio per quam*) de l'histoire de l'homme. Pas encore « *per quam* » : car la « mauvaise infinité » du « pouvoir être comme ceci ou comme cela » ne garantit pas encore une continuité. L'histoire survient à un « moment » précis de la plasticité de l'homme (« Plan pour l'inachèvement de l'homme et le concept de progrès », CAA, p. 193).

Ce « moment » précis de la production de l'histoire dans l'anthropologie philosophique d'Anders est celui du choix parmi les possibles, et donc aussi de l'exclusion des autres possibles par cette détermination. Autrement dit, l'histoire est le moment où, au carrefour de l'existence, on transforme la liberté en non-liberté, la liberté en monde : « car ta liberté est un simple "je pourrais". Un simple conditionnel. Il faudra que tu choisisses d'aller dans une

■ 2. K. Marx, *Le 18 Brumaire de Louis Bonaparte*, Paris, Éditions Mille et Une Nuits, 1997, p. 13.
■ 3. Et Anders lève cette contradiction sans pour autant réduire l'histoire à un processus nécessaire de développement de l'esprit humain – ce que fait, selon lui, la philosophie de l'histoire de Hegel (*cf.* IAP, p. 74).

direction ou une autre. Tu devras donc *exclure* les trois autres possibilités. Et transformer *une* possibilité en une réalité déterminée » (WM, p. 88), explique Olo à Yegussa dans une fable des *Écrits d'anthropologie philosophique*. Dans une lignée aristotélicienne[4], Anders rappelle ainsi que c'est la contingence des phénomènes humains qui nous pousse à nous déterminer et à faire naître un évènement historique. Mais cette contingence ne suffit pas à assurer le continuum de l'histoire car ce dernier ne peut être produit si l'on reste coincé dans la situation nihiliste par excellence qu'Anders appelle « le choc du contingent » (PL, p. 23 *sq.*).

Ce choc est celui de l'individu réflexif qui, faisant retour sur lui-même, se rencontre à la fois comme libre de créer son propre destin et comme toujours déjà historiquement déterminé par son inscription dans un monde et un rôle social donnés. Celui qui reste coincé dans ce choc représente pour Anders la figure même du « nihiliste » (PL, p. 23). Ce dernier est en proie à un mauvais infini au sens où l'histoire n'est pour lui que la répétition à l'infini d'une négation, d'un fini contingent[5] : pour le nihiliste, toute détermination historique devient quelconque, tout évènement revient au même dans sa contingence. Le rapport pathologique du nihiliste à sa propre liberté le conduit selon Anders à une existence « non historique » ou plus exactement « contre-historique » (PL, p. 41). Plongée dans le paradoxe de la contingence sans parvenir à se déterminer, la vie du nihiliste continue sans lui, sans qu'il ne puisse ni se la remémorer ni se l'approprier. Ce n'est donc plus *sa* vie, ni même une vie à proprement parler, au sens d'une biographie qui s'écrit et se raconte. « [L]a vie est à son tour désavouée par le paradoxe ; parce qu'elle est impropre à la remémoration ; parce qu'elle a cédé sa force vitale et sa réalité au paradoxe, elle se passe comme si elle n'était pas là » (PL, p. 41-42).

Les deux attitudes possibles qu'Anders conçoit face à ce nihilisme contre-historique nous permettent de concevoir d'un côté l'existence d'un « homme historique » (PL, p. 41 *sq.*) et, de l'autre, une existence faite d'actions. Paradoxalement chez Anders, l'être humain historique ne produit rien de nouveau dans l'histoire, mais est celui qui la met en récit et se la remémore. C'est par la mémoire et le souvenir que l'être humain parvient à créer un « minimum d'identification » (PL, p. 43) avec lui-même, c'est-à-dire à sortir de la succession des chocs du contingent où le moi libre ne voit qu'avec stupeur ce qui le détermine. Anders propose une sorte de description phénoménologique du souvenir pour souligner qu'il permet non seulement de réconcilier le moi d'aujourd'hui avec le moi d'hier, mais aussi le moi libre d'hier avec la situation historique qui l'a déterminé à agir. Autrement dit, le souvenir intègre la liberté dans le flux de la vie en faisant de celle-ci une histoire racontée, une biographie :

■ 4. Aristote souligne bien que la disposition politique qu'est la prudence ne peut s'exercer qu'au cœur du domaine du contingent et du singulier, « c'est elle qui apprécie et juge les situations », cf. P. Aubenque, *La prudence chez Aristote*, Paris, P.U.F., 1963, p. 65. Cette exigence de penser la vie humaine en situation est présente dans la pensée d'Anders dès sa thèse de doctorat sur *Die Rolle der Situationskategorie bei den "logischen Sätzen"* [Le rôle de la catégorie de situation dans les « propositions logiques »] (non publiée, Fribourg-en-Brisgau, 1924).

■ 5. Hegel lui-même pense le mauvais infini comme une version pathologique et pervertie de la liberté, c'est-à-dire comme une fuite, cf. G. W. F. Hegel, *Encyclopédie des sciences philosophiques I. – La science de la logique*, add. § 94, trad. fr. B. Bourgeois, Paris, Vrin, 1994, p. 528.

Dans le souvenir, les événements contingents que l'on a vécus, ceux qui se sont produits par accident, se trouvent donc déjà confondus avec le Je. L'identité est établie avant que la terreur de l'identification puisse éclater. On en peut tirer des conclusions très importantes pour la notion d'expérience. Le souvenir abolit donc ce que nous avions reconnu de quelconque et de contingent dans l'expérience. Dans le souvenir l'homme se découvre en tant que situation et non pas en tant que je ; ce qu'il expérimentait, il l'est maintenant [...]. Car ce ne sont pas seulement des situations particulières et des expériences fragmentaires qui apparaissent dans la mémoire, mais la vie comme totalité ; la vie au sens de vie biographique. [...] Par son histoire, qui fait corps avec lui et qui l'enveloppe, l'homme échappe à l'étrangeté du monde et à la contingence de son « être-précisément-moi » (PL, p. 45).

L'histoire devient ainsi un remède au nihilisme en tant qu'elle est un exercice non pathologique de la liberté. Pour Anders, l'histoire et le souvenir sont les lieux où le moi et le monde se mélangent, se confondent : « la vie d'un être humain est dans un processus constant de confrontation [*Auseinandersetzung*] avec le monde et la vie historique de l'être humain ne consiste ni seulement en un développement intérieur, ni seulement en des évènements extérieurs, mais en les deux à la fois »[6]. L'histoire permet de s'approprier sa vie non pas comme une propriété, mais comme l'être que l'on est dans une forme de coappartenance, comme le fil de sa propre existence que l'on a tissé d'un récit à la première personne. « La vie n'est pas seulement la première personne (je), elle n'est pas seulement la troisième personne (quelque chose d'étranger et de contingent), mais elle est un possessif : elle est la mienne, elle est MA VIE » (PL, p. 45). L'histoire et le souvenir permettent ainsi l'accumulation et la synthèse des expériences passées, c'est-à-dire d'intégrer la liberté et l'extranéité à l'origine de toute expérience[7] dans une connaissance de soi et du monde, dans une « expérience de la vie » (PL, p. 46) que l'on peut comprendre au sens de l'homme d'expérience aristotélicien.

Toutefois, ce tableau que dresse Anders de l'individu historique lui paraît également « d'une facilité douteuse » (PL, p. 51). Même si l'existence historique est fière en ce sens où elle revendique son existence comme la sienne, même si elle « a le courage de l'*amor fati*, parce qu'elle suit de près *fatum* et le nomme "moi-même" » (PL, p. 51), elle demeure une existence suspecte et insuffisante. En effet, puisqu'elle ne fait exercice de sa liberté que vers le passé et ne se détermine jamais vers le futur, elle est finalement, du point de vue des faits, aussi nihiliste que l'existence qui reste coincée dans le choc du contingent. La théorie de l'histoire comme récit qu'élabore Anders est ainsi à distinguer de l'action historique au sens d'une production de l'histoire par l'action. Pour Anders, on ne peut vraiment faire face au choc du contingent et au nihilisme, situation originelle de toute existence libre, qu'en agissant pour transformer le monde qui de toute manière détermine la liberté par une factualité contingente.

■ 6. G. Anders, *Aus meinem philosophischen Privatkurs Californien 1941* [Extraits de mon cours privé de philosophie, Californie, 1941], § « Notes on "cyclic and progressive time" [Notes sur "le temps cyclique et le temps progressif"] », LIT W 237/76/1.
■ 7. Pour expérimenter selon Anders, il faut rencontrer le monde *a posteriori*, donc être toujours déjà en décalage par rapport à lui.

Celui qui agit [...] se trouve seul en dehors des difficultés de la terreur de la contingence ; car celui-ci n'existe pas sur son passé sans cesse assimilé mais sur sa tâche, qui se rapporte au monde. Bien que le monde ne lui ait assigné une place déterminée, pas plus qu'au nihiliste et à l'homme historique, il atteint effectivement à l'identité (PL, p. 51-52).

En résumé, vaincre le nihilisme, ce n'est pas se plonger dans l'historicité du souvenir, mais exercer sa liberté dans une action productive historiquement : c'est en transformant le monde que l'on assume la contingence de ce dernier et de son existence passée. L'identité du soi (« qui l'on est » dirait Arendt[8]), ne se définit jamais théoriquement, mais « se définit sans cesse en fait » (PL, p. 53) par l'action dans l'histoire et l'exercice pratique de sa liberté. La liberté anthropologique comme non-fixité et extranéité signifie la possibilité de se redéfinir soi-même par son action, d'écrire sa propre histoire. En définitive, l'histoire est toujours éminemment politique chez Anders, puisqu'elle est le résultat de l'action libre d'êtres humains qui se déterminent à agir pour transformer le monde.

Asynchronicité et pluralité des couches historiques

Analyse d'une fable métahistorique : pour une histoire politique des vaincus

Il faut alors souligner que si Anders élabore une philosophie de l'histoire, c'est avant tout à des fins politiques, c'est-à-dire pour analyser les évènements historiques de son temps. Bien avant de se lancer dans un « hybride de métaphysique et de journalisme » (OH1, p. 17), Anders interroge l'histoire de l'Allemagne en utilisant la fable comme méthode d'expression dans le roman à clef qu'est *La Catacombe de Molussie*. Non seulement ce roman décrypte les mécanismes qui ont permis au fascisme de s'installer en Allemagne dans les années 1920-1930, mais il cherche également à expliciter comment le récit de l'histoire est lui-même proprement politique. La fable « Il n'y a pas de morts ou le baptême est plus important que la naissance » (CM, p. 245 *sq.*) est en ce sens métahistorique puisqu'elle met en évidence que la manière dont on raconte l'histoire, dont on baptise les évènements, est elle-même l'enjeu de luttes de pouvoirs. Olo y explique en effet que le récit historique est l'une des « tactiques »[9] permettant de rendre le temps réversible, c'est-à-dire d'effacer ou de transformer un évènement qui a eu lieu pour servir un groupe d'intérêt. Mee, le conseiller machiavélien du prince Gey, lui enseigne ainsi une sorte de doctrine nominaliste grâce à laquelle il va pouvoir rattraper

■ 8. On peut noter ici la grande proximité de cette théorie andersienne de l'action avec le chapitre V de *La condition de l'homme moderne* où Arendt souligne que, puisque les processus historiques que déclenche l'action sont imprévisibles, son sens et finalement l'identité de ses acteurs ne se révèlent qu'à la fin de cette action, et finalement aux historiens, *cf.* H. Arendt, *Condition de l'homme moderne*, trad. fr. G. Fradier, Paris, Pocket, 2012, p. 250.

■ 9. L'autre tactique étant le remords : dans une perspective généalogique très nietzschéenne, Mee (qui ressemble fort à Zarathoustra) rappelle que le remords est « la bonne résolution qui s'applique jusque dans le passé. Il est le moyen que le plus fort donne au faible » (CM, p. 245). C'est-à-dire que le remords est une manière pour le faible d'effacer son action de révolte passée pour se rendre encore plus servile aux idéologies qu'il sert (CM, p. 246).

un acte de répression sanglant qui risque de déclencher une révolte et de lui coûter son trône :

— *Tu as fait quelque chose de honteux, Gey. Je ne veux pas savoir de quoi il s'agit. Mais l'as-tu déjà baptisé ?*
— Si je l'ai baptisé ? Non !
— Alors tu peux te détendre, le réconforta Mee. Car, alors, rien n'est encore arrivé. *Parce que ce qui a été fait n'est vraiment arrivé qu'une fois qu'on l'a baptisé.* Cela n'a d'existence, de tradition, de vertu, de renommée ou de discrédit qu'une fois baptisé. C'est suspendu et sans effet jusqu'au moment où on le baptise. L'histoire des actes n'est rien d'autre que l'histoire de leurs baptêmes. Ce que tu as fait n'est pas encore baptisé. Cela n'a pas encore été pris en compte dans l'histoire des actes de la Maison Gey (CM, p. 246).

Mee suggère ainsi au prince Gey de faire passer sa répression féroce pour une « *révolution pour le renouvellement de la royauté* » (CM, p. 248) afin d'empêcher une véritable révolte par une fausse révolution qui n'en a que le nom. Ce que critique Anders par cette fable, c'est évidemment la manière dont les nazis ont pu réemployer des vocables et des traditions révolutionnaires pour faire croire aux classes populaires que leur prise de pouvoir violente représentait l'advenue d'une nouvelle situation politique et économique. Anders se situe ainsi dans la lignée des analyses d'*Héritage de ce temps* d'Ernst Bloch, dont il a fait une recension dans la revue *Recherches Philosophiques* [10] :

Le nazi ne fut pour ainsi dire créateur que dans les détournements à tous les prix qui lui permirent d'utiliser des mots d'ordre révolutionnaires à des fins contraires, qui lui permirent, avec les bêtises minables des tables d'habitués les plus reculées, de mettre à profit l'éclat obscur de mots anciens et de donner une certaine patine à la révolution qu'il faisant semblant de faire [11].

L'enseignement de Mee est également métapolitique au sens où il définit la politique comme ce jeu cynique de mensonges qui joue avec les évènements historiques. Gouverner, c'est avoir le pouvoir d'effacer le moment violent de sa prise de pouvoir pour asseoir sa légitimité. Et c'est aussi avoir le pouvoir d'effacer tout contre-pouvoir passé, donc d'effacer les dominés comme sujets politiques. Une fois l'histoire réécrite, Gey n'a plus besoin de se soucier des cent quatre parias qu'il a fait assassiner : « [c]e n'est pas la peine de parler d'eux. Pas un mot, rien » (CM, p. 248), lui suggère Mee. Toutefois, l'art de bien gouverner apprend aussi, en creux, l'art de bien résister. Si la fable est pour Anders un processus d'inversion (OH1, p. 243), inversons cette fable pour comprendre que les parias et autres classes révolutionnaires doivent eux aussi s'emparer du pouvoir de raconter leur histoire, en devenir les véritables sujets pour contrer l'histoire des dominants. Les révolutionnaires n'ont donc pas seulement un rôle politique vis-à-vis du futur (faire advenir

■ 10. G. Stern, « Ernst Bloch, *Erbschaft dieser Zeit*, Zurich, Oprecht et Helbing, 1935 » [recension], *Recherches philosophiques* IV, 1934-1935, p. 411-412. Anders a écrit cette recension à Paris, où il travaille également à *La Catacombe de Molussie*.
■ 11. E. Bloch, *Héritage de ce temps*, trad. fr. J. Lacoste, Paris, Klincksieck, « Critique de la politique », 2017, p. 102.

un monde véritablement nouveau), mais aussi vis-à-vis du passé. Agir, c'est aussi toujours se tourner vers le passé pour se le remémorer dans une optique politique, c'est-à-dire redonner une voix à ceux que le pouvoir cherche à faire taire, et redonner aux actions politiques passées le sens d'une lutte des dominés contre un pouvoir qui cherche à les effacer. Quelques années avant que Benjamin n'écrive ses thèses sur le concept d'histoire, Anders enseigne ainsi sous forme de fable que la tâche de l'historien matérialiste est de prendre l'histoire « à rebrousse-poil » [12], c'est-à-dire d'écrire une histoire des opprimés qui irait à l'encontre de « ce cortège triomphal où les maîtres d'aujourd'hui marchent sur les corps de ceux qui aujourd'hui gisent à terre » [13], c'est-à-dire de la tradition des vainqueurs qui transforme ses violentes prises de pouvoir en butin, en « biens culturels » [14].

Ce que permet de comprendre cette fable d'Anders, c'est également que le temps de l'histoire est loin d'être le temps homogène et irréversible de la science, ou même de la conscience interne phénoménologique. L'histoire s'écrit toujours de manière à totaliser et à synthétiser des présents multiples et asynchrones : le présent des parias qui se révoltent contre la monarchie de Gey, ou le présent du pouvoir qui fait de ses miliciens meurtriers les dignes « fils de la Molussie [...], des policiers [qui] meurent en exerçant loyalement leurs fonctions » (CM, p. 248). Comme l'écrit Benjamin : « L'histoire est l'objet d'une construction dont le lieu n'est pas le temps homogène et vide, mais le temps saturé d'"à-présent" » [15].

La non-contemporanéité : complexification du matérialisme historique

La référence sur laquelle s'appuie Anders pour comprendre cette multiplicité du présent historique est toutefois *Héritage de ce temps* d'Ernst Bloch. Ce qu'Anders retient de cet ouvrage est précisément « le caractère dialectique du "maintenant historique", qui, selon M. Bloch, est quelque chose d'objectivement ambigu puisqu'il contient en lui, et simultanément, des couches historiques qui ne sont point synchronisées » [16]. Bloch met en effet en évidence que « tous ne sont pas présents dans le même temps présent. [...] L'époque d'un homme dépend de l'endroit où il se trouve en chair et en os et surtout de la classe à laquelle il appartient » [17]. C'est-à-dire qu'il existe des types d'existence qui se meuvent dans des formes de non-contemporanéité inauthentiques, qui semblent appartenir à une autre époque, inadaptée au capitalisme moderne : Bloch songe ici à la jeunesse, à la paysannerie, mais aussi aux classes moyennes paupérisées allemandes qui sont nostalgiques de temps meilleurs, avant la Première Guerre Mondiale et la crise économique des années 1920. Des personnages asynchrones dans *La Catacombe de Molussie*, il y en a à

■ 12. W. Benjamin, « Sur le concept d'histoire », dans *Œuvres III*, Paris, Gallimard, 2000, p. 433. Nous verrons qu'Anders reprend et développe dans sa philosophie de la culture cette idée que l'histoire des dominants neutralise les luttes des vaincus en biens culturels.
■ 13. *Ibid.*, p. 432.
■ 14. *Ibid.*
■ 15. *Ibid.*, p. 439.
■ 16. G. Stern, « Ernst Bloch, *Erbschaft dieser Zeit*, Zurich, Oprecht et Helbing, 1935 », *op. cit.*, p. 411.
■ 17. E. Bloch, *Héritage de ce temps, op. cit.*, p. 82.

revendre : on peut songer à Monsieur Glue, le détenteur d'une entreprise d'esclaves au modèle économique antique et précapitaliste, et à sa femme la grande bourgeoise (Mme Glue, qui a un petit côté Elfride Heidegger...) qui continue à vivre selon ses valeurs d'esthète alors qu'au même moment, la révolution industrielle traite les humains comme des pièces morcelables et interchangeables (CM, p. 328 sq.). À la suite de Bloch, Anders met en évidence comment ces existences non-contemporaines ont pu être perméables aux idéologies nazies qui, contrairement aux discours révolutionnaires, sont parvenues à utiliser et détourner leurs désirs, leurs nostalgies et leurs frustrations « non-contemporains ». Le danger est bien celui de l'utilisation de ces types non-contemporains d'existence aussi bien par le grand capitalisme industriel (représenté dans *La Catacombe* par le cynique personnage de Bamba, le grand industriel prêt à tout pour augmenter son profit, CM p. 307 *sq.*) que par les idéologies fascistes. Création conceptuelle indispensable dans le milieu des années 1930, l'idée de « non-contemporanéité » [*Ungleichzeitigkeit*] permet ainsi selon Anders de rendre

compréhensible une série d'évènements d'ordre politique, par exemple la situation allemande actuelle, situation qui offre le spectacle d'une bataille inextricable entre une quantité de prétentions précapitalistes, anti-capitalistes, pseudo-capitalistes, etc. Ces prétentions anachroniques sont celles de couches sociales qui le sont elles-mêmes, de couches qui « datent » et qui incarnent des périodes diverses et des présents divers de l'histoire allemande[18].

Cette notion de non-contemporanéité, Anders l'utilise également pour critiquer la philosophie de Heidegger et son concept d'historicité [*Geschichtlichkeit*] (PCPH, p. 63 *sq.*). Non-contemporain, Heidegger l'est d'abord par sa biographie intellectuelle : « Heidegger se trouvait dans la situation singulière *d'être encore un hérétique – à une époque où la sécularisation [...] était une chose allant de soi depuis maintenant plusieurs générations* » (PCPH, p. 64). Mais l'asynchronicité de Heidegger se retrouve également dans sa philosophie de l'histoire qu'il conçoit comme « *Wiederholen* » (PCPH, p. 65), reprise ou répétition des possibilités d'existence du *Dasein*. Anders souligne en effet que l'historicité du *Dasein* est précisément dans un rapport nihiliste à l'histoire puisque le *Dasein* n'exerce sa liberté que pour jeter un regard rétrospectif sur son existence et la révéler comme authentique. Préférant se construire à partir du passé, le *Dasein* n'est en réalité qu'une « créature anachronique et solitaire » (PCPH, p. 66). Mais en comprenant l'historicité comme un existential, « une simple tonalité du *Dasein* » (PCPH, p. 67), Heidegger fait également perdre à l'histoire toute sa concrétude et toute son objectivité :

En retranscrivant le « passé » en « être-été », la *Vergangenheit* en *Gewesensein*, Heidegger fait à nouveau apparaître l'humanité pour plus « libre » qu'elle n'est effectivement. Il passe sous silence ce fait décisif que les situations historiques (sinon toutes, du moins la plupart) ne représentent pas directement des possibilités positives de l'homme, mais des réponses extrêmement indirectes à des conditions objectives du monde ou de la société (PCPH, p. 71).

■ 18. G. Stern, « Ernst Bloch, *Erbschaft dieser Zeit*, Zurich, Oprecht et Helbing, 1935 », *op. cit.*, p. 412.

Jouant Marx et Hegel contre Heidegger, Anders revendique ainsi une histoire matérielle et concrète qui prenne en compte les « conditions objectives du monde » qui déterminent l'existence des hommes, une histoire « en tant que *medium transcendens proportionem humanam*, en tant qu'"Esprit objectif" » (PCPH, p. 72). L'existence ne peut se rendre libre simplement en révélant son historicité comme un héritage authentique, il lui faut également agir à l'encontre de toutes les non-libertés sociales et politiques qui pèsent sur elle, c'est-à-dire agir à l'intérieur de « l'histoire du *pouvoir*, [...] l'histoire du non-libre, l'histoire *imposée* aux hommes » (PCPH, p. 72). Mais cette histoire objective et matérielle que revendique Anders ne peut être concrète qu'en comprenant la complexité d'un présent multiple qui peut présenter des formes de non-contemporanéité. C'est précisément le caractère non-contemporain de Heidegger et le fait que sa philosophie de l'histoire était aveugle aux conditions politiques et morales objectives qui s'imposaient à ses contemporains, qui l'ont empêché de produire une philosophie politique et morale à la hauteur du danger fasciste de son époque : « Étant donné qu'il cherchait à "répéter" l'histoire ou le *Gewesensein* au lieu de transmettre le mot d'ordre moral de son époque, comme l'avaient fait les vrais philosophes, il existe un lien systématique entre sa philosophie de l'histoire et le vide de son rigorisme moral » (PCPH, p. 75).

Toutefois, dans la perspective blochienne que suit Anders, cette « non-contemporanéité » ne représente pas seulement un danger, mais exige une dialectique à plusieurs niveaux, une dialectique comme « totalité critique non-contemplative, qui intervient pratiquement »[19]. En d'autres termes, l'historien a pour tâche de retrouver, dans ces éléments sociaux non-contemporains, ceux qui sont capables d'être hostiles au capitalisme et de les utiliser dans un autre cadre, à l'encontre des idéologies fascistes. Le personnage andersien de l'« *unadaptable fellow* » (OH1, p. 114 *sq.*), le type inadaptable car toujours en retard par rapport à la chaîne productive à laquelle il est intégré, est un exemple caractéristique de cette dialectique de la non-contemporanéité. Figure de la honte prométhéenne, de la honte de ne jamais être à la hauteur du processus de production auquel il est intégré, l'« *unadaptable fellow* » est en même temps figure d'anticonformisme. C'est précisément cette honte, l'impossibilité de s'identifier avec ce corps qui sera toujours à contretemps du tempo des machines, qui le force à reconsidérer son idéologie conformiste : « [l]e conformiste qu'il était effectivement devenu et qu'il demeure encore n'"est" pas ce reliquat, il n'est ni ce moi ni ce corps » (OH1, p. 114). Pour Anders, c'est précisément cet anti-héros, l'homme que la modernité a rendu obsolète et qui est incapable de se rendre aussi flexible que l'exige le processus de production, qui parvient à stopper, sans le vouloir, le cours de la machine capitaliste. La non-contemporanéité fondamentale du corps, en décalage (prométhéen) avec la machine productive à laquelle il est intégré se retourne en une perspective de lutte.

Ainsi, ce qu'Anders voit et reprend dans la dialectique de Bloch, c'est sa manière de complexifier la philosophie de l'histoire et de réviser le matérialisme historique marxiste, cette marionnette qui ne peut être maître

■ 19. E. Bloch, *Héritage de ce temps*, op. cit., p. 100.

au jeu d'échecs qu'en étant actionnée par un nain bossu[20]. Le nain n'est pas la théologie pour Anders, plutôt ce qu'il appelle une analyse concrète de l'histoire qui ne réduit pas l'anachronisme ou le manque de synchronisation au seul décalage entre la réalité et sa théorie idéologique. Autrement dit, ce qu'Anders recherche, c'est une théorie concrète de l'histoire qui puisse rendre compte des décalages historiques et temporels à l'intérieur de la réalité elle-même, et pas seulement du décalage entre l'appartenance de classe d'individus et leur fausse-conscience idéologique.

La culture, créatrice de décalages historiques

Cette philosophie concrète de l'histoire, Anders la cherche en priorité dans sa philosophie de l'art et de la culture. C'est par l'analyse des œuvres d'art, et en particulier par des analyses musicales, qu'Anders cherche à comprendre comment il peut y avoir des décalages historiques à l'intérieur de la réalité elle-même. En effet, dans le court texte « Sur l'arrière-garde de l'histoire. Questions préalables à une sortie culturelle »[21], Anders dirige son argumentation contre « le schéma de philosophie de l'histoire qui est à l'origine de l'alternative [entre reflet et anticipation] et qui ne nous laisse pas d'autre choix entre une interprétation en termes de *"réflexe"* et une autre en termes d'*"anticipation"*. Cette alternative est fausse. *La plupart des œuvres d'art se tiennent en travers de l'histoire [quer zur Geschichte]* » (SKF, p. 301). C'est-à-dire qu'Anders refuse de considérer l'art comme le simple résultat ou reflet de son époque, et qu'il n'octroie pas non plus aux œuvres d'art des fonctions anticipatrices ou visionnaires par rapport à l'avenir. Pour comprendre la place « transversale » des œuvres d'art, il faut selon Anders se rappeler que chaque instant de l'existence sort de lui-même pour se résoudre en l'instant suivant. La structure même du temps comme fuite en avant nécessaire empêche les instants de réaliser toutes les possibilités qu'ils contiennent, de « venir "à soi" » (SKF, p. 302), c'est-à-dire de prendre conscience d'eux-mêmes. C'est donc cette structure effective du temps qui réfute selon Anders toute interprétation téléologique de l'histoire qui ferait de chaque époque la réalisation de l'époque précédente, et de chaque œuvre la réalisation de son temps :

[C]e que nous appelons l'« histoire *effective* » consiste précisément en une série de *germes* qui, précisément parce qu'ils ne demeurent pas, ne demeurent jamais que des germes. Lorsque les hégéliens ou les idéologues du progrès plaçaient le processus de maturation dans le déroulement même de l'histoire : c'est-à-dire qu'ils voyaient dans l'instant B la réalisation de l'instant A, et dans l'instant C celle de B, il s'agissait d'une spéculation optimiste. Ils omettaient le fait que demain commence toujours trop tôt dans l'histoire, à savoir avant qu'il ne soit permis à l'aujourd'hui de s'établir en tant que lui-même ; que par conséquent, *l'histoire se manque toujours elle-même en continuant sa route*. (SKF, p. 302)

■ 20. *Cf.* W. Benjamin, « Sur le concept d'histoire », *op. cit.*, p. 427-428.
■ 21. G. Anders « Über die Nachhut der Geschichte. Vorfragen auf einer Kunstreise », dans *Neue Schweizer Rundschau*, décembre 1954, p. 496 *sq*, republié dans SKF, p. 301-306. Ce texte est un extrait du journal écrit pendant un voyage en train de Vienne à Udine, où Anders analyse un concert d'Alban Berg auquel il a assisté la veille.

Fidèle à un certain matérialisme historique, Anders s'oppose « à la philosophie allemande qui descend du ciel sur la terre »[22], à une philosophie idéaliste et optimiste (participant à l'idéologie du progrès) qui fait des œuvres humaines le résultat d'un esprit qui se révèle à lui-même par sa manifestation. Pour Anders, la matérialité de l'histoire est aussi présociale, elle plonge dans l'ontologie et consiste en une succession de germes de présents qui n'auront pas l'occasion de se développer. À une exception près : celle des œuvres d'art. Pour Anders, les œuvres sont précisément ces réalités en décalage avec le fil de l'histoire parce qu'elles sont conçues comme l'accomplissement et la réalisation d'une époque, d'un instant donné. Si on suit l'analogie andersienne, les œuvres d'art sont à la succession des instants historiques ce que les papillons sont aux générations de chenilles qui n'ont pas besoin d'atteindre leur plein développement en tant que papillons pour se reproduire.

> Car elles [les œuvres] sont « ce qu'il y a de plus transversal » dans notre histoire. Non pas qu'elles soient « indépendantes par rapport à l'histoire », des météorites dans le flux du temps, des « valeurs éternelles » ou quelque chose du genre. Au contraire : malgré leur position transversale, elles sont justement l'histoire, car en elles sont poursuivies et réalisées jusque dans leurs moindres détails les possibilités que recèle chaque instant historique, mais qui ne demeurent en lui que de simples « chenilles ». Or – et c'est ce qui rend le problème si terriblement obscur – il faut du « temps » pour mener à bien ce développement : tandis qu'une œuvre d'art poursuit jusqu'au bout le moment historique A, l'histoire s'écoule à nouveau vers B et C et submerge cette action – de sorte que les œuvres d'art, bien qu'elles soient les enfants du fleuve, se tiennent désormais en travers de celui-ci et, comme si elles protestaient contre son caractère bidimensionnel [...], le dépassent pour plonger dans le vide de ce qui n'a jamais eu lieu (SKF, p. 303).

Développement de son époque, c'est-à-dire de ses contradictions sociales et artistiques, l'œuvre d'art ne peut pas en être le reflet puisque cette époque s'est transformée sans elle, mais elle n'est pas non plus une anticipation des époques futures. On voit bien ici comment Anders complexifie la ligne temporelle et historique, qui n'a plus rien de linéaire : les œuvres d'art forment comme des « culs-de-sac » (SKF, p. 303) temporels, des lignes qui partent et se détachent de la route principale de l'histoire. Et l'histoire de l'art est en quelque sorte une « histoire de ce qui n'est jamais arrivé dans l'histoire, une histoire de fantômes [...] une histoire du sauvetage des possibilités que l'histoire a escamotées et qu'elle se refuse à elle-même » (SKF, p. 304). Si Anders refuse le parti-pris idéaliste pour lequel les œuvres ont une valeur éternelle et ne dépendent pas des conditions historiques de leur émergence, il n'adhère pas non plus à l'idée marxiste selon laquelle ces œuvres seraient des superstructures idéologiques, « l'émanation direction du comportement matériel [des hommes] »[23]. L'explicitation du statut historique transversal des

---

■ 22. K. Marx et F. Engels, *L'Idéologie allemande*, trad. fr. H. Auger, G. Badia, J. Baudrillard et R. Cartelle, Paris, Éditions sociales, 1976, p. 20.
■ 23. K. Marx et F. Engels, *L'Idéologie allemande*, op. cit., p. 20.

œuvres d'art permet de mieux comprendre comment, pour Anders, celles-ci ne sont pas proprement « inféodées à l'être [*seinsverbunden*] »[24], c'est-à-dire dépendantes de l'infrastructure économique et des rapports de production qui les ont pourtant vues naître.

Cette théorie du caractère transversal des œuvres dans l'histoire n'empêche pas Anders de donner également une analyse socio-économique des biens et valeurs culturelles dans une philosophie de la culture qu'il élabore de 1941 à 1949 au cours de son exil aux États-Unis et dont les textes principaux sont les deux volumes intitulés *Kulturphilosophie* (LIT 237/W 52-53) et les cours donnés à la NewSchool for SocialResearch en 1949 (LIT 237/W 51). Si, comme nous l'avons vu, les œuvres d'art ne sont pas simplement pour Anders le reflet d'intérêts de classe dans leur production, leur appropriation en tant que biens culturels en fait cependant des outils de domination dans la construction d'une histoire dominante. Tout bien culturel ou œuvre d'art est en effet pour Anders le résultat d'un processus historique de neutralisation : la culture et l'art sont une manière pour les dominants de s'approprier les productions des vaincus en neutralisant leur prétention au pouvoir. Cette neutralisation est celle de l'attitude esthétique de simple plaisir qui remplace la croyance en la vérité d'une œuvre : « cette première neutralisation est en effet la condition de l'art [...] c'est à mi-chemin entre la religion et la désacralisation qu'on trouve le domaine du beau »[25].

Anders va jusqu'à faire sa propre autocritique – celle d'un bourgeois cultivé, héritier de toute une tradition culturelle dominante –, en soulignant que son rapport privilégié à la culture avant le choc de la Première Guerre Mondiale était celui d'un propriétaire qui accumulait « même les luttes » historiques comme un « trésor culturel »[26], on pourrait dire comme un capital symbolique. Le point de vue du dominant sur les biens culturels est alors toujours « non-historique » au sens où l'histoire n'est pour lui que l'accumulation progressive des biens. Anders décrit ainsi le rapport bourgeois à la tradition culturelle qui était le sien lors de son adolescence :

l'histoire était une affaire qui avait existé auparavant. Elle avait travaillé pour nous, comme une servante pour son maître. Nous étions assis sur ses épaules ; elle avait les pieds sales. Nous avions le progrès ; elle était en marche. Nous avions les contes de fées et les églises ; elle avait été superstitieuse ou même croyante[27].

L'histoire se tient donc « derrière » les dominants car ils en font un capital qu'ils accumulent. En ce sens, Anders met en évidence l'origine profondément bourgeoise de l'idéologie du progrès qui utilise « l'histoire comme réaction »[28],

▥ 24. *Cf.* « Sur le prétendu "lien à l'être" de la conscience », CAA, p. 155 *sq.*
▥ 25. G. Anders, « Die Situation der Neutralisierung [La situation de neutralisation] », *Kulturphilosophie*, vol. 1, 1947, LIT 237/W 52.
▥ 26. *Ibid.*, § « *Geschichte war hinter uns* [L'histoire était derrière nous] ».
▥ 27. *Ibid.*
▥ 28. G. Anders, *Fortschitt und Monismus* [Progrès et monisme], *LIT* 237/W 60. Anders développe sa riche critique du progrès publiée dans le texte « Plan pour l'inachèvement de l'homme et le concept de "progrès" » (CAA, p. 189 *sq.*) dans plusieurs manuscrits inédits du début des années 1940 en s'appuyant à la fois sur l'histoire de la philosophie et sur des analyses socio-économiques, *cf.* G. Anders, *Fortschritt und Monismus*

avec pour fin de justifier l'ordre établi : si le présent est la réalisation d'un processus rationnel de développement, alors « ce qui *est*, est légitime » [29] et l'irrationnel est considéré comme rationnel.

La culture comme catégorie est pour Anders un « *historicum* » [30], c'est-à-dire un phénomène historique qui naît et se transforme au cours du temps (plus précisément au cours de phénomènes dialectiques de sécularisation par lesquels des productions religieuses deviennent de simples œuvres d'art pour la religion dominante qui s'expose à son tour à ce que ses icônes se transforment en simples images appréciées par toute personne cultivée). Explicitant méthodologiquement la tâche du philosophe, Anders souligne que celui-ci est nécessairement un « historien naïf » [31] puisque son entreprise de « caractérisation [*Bestimmung*] », qui prétend à une certaine fixité, à défaut d'universalisation, est toujours grossière en comparaison de la singularité des évènements historiques. Mais si le concept est forcé d'opérer dans le réel des coupes qui laissent de côté certains phénomènes – Anders rappelle l'analogie platonicienne entre le travail du dialecticien et celui du boucher sacrificateur qui peut « fendre l'essence unique en deux selon les espèces, en suivant les articulations naturelles » [32], mais remet en doute l'existence de telles articulations –, on ne peut pas non plus s'abandonner à l'historicisme qui ne s'attache qu'à la singularité relative de chaque situation historique. Car l'historien est lui aussi toujours un « philosophe naïf » au sens où il emploie une « *idée* de l'histoire » [33], donc une catégorie philosophique, sans la justifier philosophiquement. Bref, la tâche du philosophe est encore une fois « ambigüe » [34] : il ne peut ni décréter universellement le contenu d'une catégorie qui a une histoire car il reste dépendant de sa propre situation historique, ni se contenter d'une exposition chronologique des diverses acceptions de ce concept. En d'autres termes, ce que cherche Anders n'est pas « de retracer "l'origine de la culture" », mais plutôt « l'origine de cette étiquette "culture" qu'on a fini par coller à tout objet depuis les amulettes vedas jusqu'aux films à gros budgets de Hollywood » [35]. La tâche du philosophe et ici du critique de la culture est donc de retracer ce qui a pu faire naître une telle catégorie de culture qui est en réalité « la "vision du monde [*Weltanschauung*]" de toute une époque » [36] qui envisage chaque réalité comme un bien culturel, vision du monde qui est donc loin d'être une simple interprétation mais a une « réalité historique [*geschichtliche Realität*] » [37].

(LIT 237/W 60) et *History of ideas : The concept of progress 1940* [Histoire des idées : Le concept de progrès 1940] (LIT 237/W 61), ainsi que la liasse de citations et de textes « Exzerpte ad Concept of Progress : Descartes, Leibniz, etc. » (LIT 237/W 62).

■ 29. G. Anders, *Fortschritt und Monismus, op. cit.*
■ 30. G. Anders, *Kulturphilosophie*, vol. 1, *op. cit.,* § « Anmerkg zu "Kulturbegriff" [Rq. sur le "concept de culture"] ».
■ 31. *Ibid.*
■ 32. Platon, *Phèdre*, 265 e, trad. fr. L. Robin, Paris, Gallimard, 1950, p. 62.
■ 33. G. Anders, *Kulturphilosophie*, vol. 1, *op. cit,* § « Anmerkg zu "Kulturbegriff" ».
■ 34. *Ibid.*
■ 35. *Ibid.,* § « Die Aufgabe [La tâche] ».
■ 36. *Ibid.*
■ 37. *Ibid.*

Ce qui est à souligner ici, c'est donc que la critique de l'industrie culturelle que fait Anders, et même toute sa critique du progrès et de la modernité technique, se fonde sur une philosophie de l'histoire bien particulière dans laquelle l'histoire elle-même est transformée par les catégories qu'elle utilise pour se comprendre et s'écrire.

Anders reprendrait certes à son compte la XIe thèse sur Feuerbach de Marx en soulignant qu'il ne suffit pas d'« *interpréter diversement le monde* »[38] pour produire une histoire sociale et matérielle, il la complète en soulignant que les interprétations et les perspectives ont des effets bien réels sur l'histoire :

> Ainsi, par exemple, la catégorie de « progrès » ne désigne ni un simple « fait », ni un simple mot ; elle désigne plutôt *la perspective sous laquelle une période historique donnée fait apparaître toute son histoire* [...]. Mais cette apparence est elle-même une réalité, même là où l'apparence consiste à falsifier toute préhistoire [*Vorgeschichte*] : car *l'histoire n'est que l'histoire de sa propre mécompréhension et falsification*, certes une falsification de soi productive, mais une falsification tout de même. Mais elle ne falsifie toujours que comme elle « agit » : une époque historique qui, par exemple, produit soi-disant du « progrès » (ou qui approuve un système qui garantit soi-disant un progrès), voit également sa propre préhistoire, voire toute l'histoire, comme l'histoire du progrès, même si elle considère cette préhistoire comme un stade antérieur relativement peu avancé du véritable progrès. *Car l'histoire est également l'histoire des conceptions de l'histoire qui changent en même temps que les temps présents*[39].

Renversant ainsi la philosophie de l'histoire hégélienne pour laquelle l'histoire est celle d'une compréhension de soi de l'Esprit, et s'opposant également à l'historicité heideggérienne qui fait de l'histoire du *Dasein* une « compréhension de soi »[40], Anders souligne que l'histoire peut-être celle de ses fausses compréhensions de soi, de ses idéologies. L'exemple du progrès met en évidence que ces catégories qu'Anders appelle « *historicum* » sont des perspectives qui appliquent leur vision du monde vers l'arrière, vers un passé qu'elles réécrivent selon leur propre philosophie de l'histoire[41]. Anders met en évidence les différentes définitions que le progrès acquiert au cours de l'histoire des idées, mais il insiste sur sa dernière formulation libérale, née du laisser-faire économique. Dans cette version libérale, le progrès est selon Anders cette « notion ambigüe », en proie à un mauvais infini, qui

---

■ 38. K. Marx et F. Engels, *L'Idéologie allemande, op. cit.*, p. 4.

■ 39. *Kulturphilosophie*, vol. 1, *op. cit*, § « Die Aufgabe ».

■ 40. L'attrait des jeunes philosophes des années 1920-1930 pour la philosophie de Heidegger s'explique selon Anders par le fait que sa philosophie de l'histoire de l'oubli de l'être, manière de réactualiser l'idée de l'histoire comme chute, s'opposait à l'époque à l'idéologie du progrès devenue dominante avec la Deuxième Révolution Industrielle. Mais en s'y opposant de manière aussi unilatérale, Heidegger tombe encore dans l'idéologie du progrès : « Et pourquoi l'histoire qui suit ce passé auroral devrait-elle être exclusivement une histoire de l'*opacité*, l'inverse des Lumières, une forme de progrès retourné ? », demande un protagoniste du dialogue *Sur le mode d'expression philosophique et le problème de la vulgarisation*, cf. *infra* p. 107.

■ 41. Pour Anders, l'histoire elle-même peut-être l'une de ces perspectives idéologiques qui réécrit et falsifie l'histoire. Anders fait ainsi la critique de l'historicisme qui ne parvient pas à concevoir qu'« il y a des situations de l'existence humaine où le passé, le présent et le futur n'apparaissent pas comme de l'"histoire" » (*Kulturphilosophie, op. cit.*, § « Die Aufgabe ») » (*ibid.*), et qui en un certain sens hypostasie l'histoire en faisant « la source de toute relativisation ("historisante") » (*ibid.*).

« contient les deux aspects logiquement contradictoires d'un développement organique et d'un progrès infini »[42]. Le progrès est cette mécompréhension de l'histoire qui la conçoit comme un développement infini, sans fin ni finalité, où chaque phase se justifie elle-même comme progrès. Le progrès est dans cette phase « le progrès du progrès lui-même », donc le moment tautologique où on a fait de l'histoire « le sujet de l'histoire elle-même »[43].

Ce qui est vrai pour l'idéologie du progrès vaut aussi pour l'idéologie de la *Bildung* [formation] et des « valeurs culturelles » : l'époque moderne qui institue des « biens culturels » hérite de toutes les productions des époques qui lui précèdent et en fait à leur tour des biens culturels alors même que cette catégorie n'existait pas auparavant. Cette idéologie de la culture unifie et supprime toute pluralité des formes historiques derrière une sorte d'histoire de l'accumulation des valeurs culturelles qui conduit, dans sa forme la plus contemporaine, à un « pluralisme » ou « polycosmisme » culturel (HSM, 18 *sq.*) où tous les produits de la culture de masse n'ont plus de valeur que pour être consommés. Le pluralisme des compréhensions de l'histoire devient alors parfaitement nihiliste : si toutes les compréhensions de l'histoire se valent, plus aucune ne vaut.

Acosmie et fractures de l'histoire

L'histoire des idéologies que propose Anders nous permet alors de mieux comprendre la thèse centrale de *L'Obsolescence de l'homme* selon laquelle la technique est devenue le « sujet de l'histoire » (OH2, p. 267 *sq.*). Le processus par lequel l'histoire se falsifie elle-même se retourne et aboutit, à l'époque de la troisième révolution industrielle, à une fracture définitive qu'est la disparition de l'histoire comme production humaine, c'est-à-dire à son obsolescence. Autrement dit, le diagnostic d'une obsolescence de l'histoire est lié à celui de l'obsolescence de notre liberté (OH2, p. 255 *sq.*) qui signifie chez Anders que l'être humain passe d'étranger au monde à une pure et simple acosmie. Nous n'avons désormais plus la possibilité de réinterpréter, ni même de mécomprendre ou de falsifier autrement notre propre histoire. La technique est en effet devenue l'idéologie universelle – c'est en ce sens que nous vivons dans « *une époque post-idéologique* » (OH2, p. 189) – : en renversant les rapports sujets-objets, elle contraint les êtres-humains à n'être plus que les objets de son développement aveugle et nous rend post-historiques. Si Bloch a permis de mettre en évidence qu'il y a des existences qui sont non-contemporaines, qui sont idéologiquement en décalage avec leur époque, Anders fait un pas supplémentaire en soulignant que l'humanité est elle-même en passe de devenir anhistorique : « je tiens pour possible que la société actuelle soit sur le point de perdre à nouveau son historicité – pour autant qu'elle ait été historique dans sa totalité, thèse qui reste très problématique à mes yeux –, c'est-à-dire de devenir anhistorique » (OH2, p. 269). Anders ne cache pas qu'il adopte pleinement l'idée de Marx selon laquelle tout sujet n'est pas sujet historique à partir du moment où

---

l'histoire est celle de la classe dominante et où le prolétaire est privé de sa conscience de classe :

la classe dominée n'est pas anhistorique seulement parce qu'elle est passée sous silence, parce qu'elle ne produit pas de notes écrites sur l'« l'histoire », ou parce qu'elle a à peine conscience du passé. [... L'ouvrier] est anhistorique parce qu'il n'est pas d'emblée un *Sujet historique* dont les destinées seraient à chaque fois explicables comme les phases du développement propre d'une classe (OH2, p. 270).

Anders invente le terme « co-historique » (OH2, p. 271) pour désigner la situation des prolétaires qui ne peuvent agir dans l'histoire ou réagir aux évènements historiques au nom de leurs intérêts, mais seulement obéir aux intérêts des puissants – c'est le cas de tous ces poilus (« pwalus » en Molussien, CM, p. 222 *sq.*) que les dirigeants ont forcés et persuadés par la propagande de participer à une guerre qui n'était pas la leur. Ce qu'Anders ajoute à cette théorie marxiste, c'est que l'humanité elle-même devient prolétaire (OH2, p. 294), devient un simple phénomène co-historique du développement technique auquel elle doit obéir.

Cette domination technicienne s'impose sous plusieurs formes, dont la première est certainement la privation de liberté et la destruction du sujet humain qu'entraînent les médias de masse. Contrairement aux œuvres d'art qui pluralisent l'histoire, les médias « balaient méthodiquement tout ce qui est passé dans l'Orcus [enfer] de l'oubli, [...] jettent tout ce qui a été actuel hier à la casse d'aujourd'hui, empêchent toute mémoire et effacent continuellement la conscience de la continuité et de l'ordre » (VL, p. 200-201). En bombardant en permanence le sujet d'un flux de nouvelles qui viennent simultanément des quatre coins du monde, les médias abolissent les perceptions de l'espace comme distance et du temps comme continuum ordonné du passé au présent puis au futur. Les médias s'appuient selon Anders sur le système économique de la « production méthodique de l'oubli » (VL, p. 82) : pour créer un besoin toujours renouvelé en nouvelles toujours plus nouvelles, toujours plus sensationnelles, ils rendent obsolètes les évènements historiques de la veille, ils rendent le passé obsolète. Ce qu'atteste le langage, et en particulier l'emploi actuel et conformiste du terme « historique » qui n'est plus utilisé que « *praenumerando* » (VL, p. 82), par avance, pour faire la publicité d'un évènement qui n'a pas encore eu lieu.

Mais c'est la situation métaphysique inédite que crée la menace nucléaire qui achève de rendre l'histoire obsolète : si la technique est devenue sujet de l'histoire, c'est parce que « l'être ou le non-être de l'humanité dépend désormais du développement de la technique et de son application » (OH2, p. 274). C'est-à-dire que la catastrophe (nucléaire, environnementale) est pour l'histoire humaine une épée de Damoclès qui lui rappelle sans-cesse sa finitude, sa propre historicité : non seulement la fin de l'humanité signifierait la fin de l'histoire future, mais elle effacerait également toute l'histoire passée : « viendrait alors le règne de l'encore plus désespérant "rien n'a été", puisqu'il n'y aurait plus personne pour se rappeler ce qui a été » (OH1, p. 272). La catastrophe fait courir l'histoire à sa fin, une fin sans finalité.

L'Histoire-qui-n'est-plus sera une espèce de ne-plus-être fondamentalement différente des évènements historiques individuels qui, une fois passés ne sont plus. Elle ne sera plus du « passé » : elle sera une chose qui aura existé sous telle forme (c'est-à-dire qui « n'aura pas existé » sous telle forme) comme si elle n'avait jamais existé (MN, p. 254).

Et il faut bien rappeler que cette histoire qui a une fin avait également un début : avant et après l'histoire s'étend le domaine de l'histoire naturelle, de l'histoire qui pour Anders n'en est pas une puisqu'elle est privée de tout récit[44] – au point que l'histoire n'est qu'un « *intermezzo* » dans le milieu de l'anhistorique (OH2, p. 295 ; VL, p. 85 ; MN, p. 252). Renversant le titre de son ami Robert Jungk[45], Anders invente alors le nouveau slogan de notre époque : « *le futur est déjà terminé* » (OH2, p. 274). Notre époque est en effet la dernière possible, elle est le temps de la fin [*Endzeit*] puisqu'elle sera toujours un « délai » [*Frist*] (MN, p. 247) avant la catastrophe qui est pour Anders une apocalypse sans royaume, la simple fin des temps. Si Anders emprunte ce vocabulaire apocalyptique, c'est bien pour retrouver un modèle de compréhension de l'histoire qui décrive la situation actuelle : celle d'une fuite en avant linéaire qui, contrairement au modèle historique du progrès, est finie. Plus aucun messianisme n'est donc possible, notre situation n'est plus celle du « pas-encore »[46] blochien, c'est-à-dire celle d'un être utopique qui peut espérer transformer sa situation[47]. Notre époque est plutôt celle d'un « *être-juste-encore* » (OH2, p. 273) avant le néant absolu. Puisque l'époque de la catastrophe est celle du « *kairos* de l'ontologie » (MN, p. 255), la seule attitude qui nous reste est pour Anders celle d'une prudence redéfinie en « principe de désespoir » (OH2, p. 274). Savoir se saisir de ce moment opportun, c'est savoir se déterminer à agir dans l'urgence pour repousser la catastrophe à venir, sans céder à la faiblesse de l'espoir qui pour Anders n'est pas à la hauteur de la situation.

Cependant, si Anders a pu saisir cette obsolescence de l'histoire, c'est avant tout parce qu'il en a fait l'expérience individuellement : c'est dans l'acosmie de l'exil que s'est jouée pour la première fois l'impossibilité de se faire sujet de sa propre histoire. Tout le paradoxe des *Journaux de l'exil et du retour* d'Anders est qu'ils constituent une forme d'anti-autobiographie, c'est-à-dire une entreprise biographique qui ne peut que constater l'échec nécessaire d'un récit qui aurait pour but de totaliser une vie entière à l'époque moderne des grands déplacements et de la privation du monde [*Weltlosigkeit*][48]. Anders

---

■ 44. Comme les traces des hommes sur la Lune, toute nature est pour Anders « infra-historique [*unterges-chichtlich*] » (VL, p. 85). Car l'histoire n'a pas toujours existé selon Anders : « Un jour (ou mieux : à chaque fois), après des millions d'années, *l'histoire est sortie* d'une bouillie temporelle historiquement neutre (dans laquelle tous les vivants à l'exception de l'homme sont condamnés à rester enlisés) ou d'un cycle temporel » (OH2, p. 268). L'histoire émerge toujours l'action humaine et son insertion dans le monde social.

■ 45. R. Jungk, *Le futur a déjà commencé*, Paris, Arthaud, 1953.

■ 46. E. Bloch, *Le Principe Espérance*, t. 1, trad. fr. F. Wuilmart, Paris, Gallimard, 1976, p. 367 *sq.*

■ 47. Pour plus de détails sur la critique du messianisme et la question de l'utopie chez Anders, voir les deux articles de C. David, « De l'homme utopique à l'utopie négative. Notes sur la question de l'utopie dans l'œuvre de Günther Anders », dans *Mouvements* 45-46, 2006/3-4, p. 133-142 et « Messianisme et dystopie. Anders dans la perspective de Mannheim et de Tillich », dans *Cahiers philosophiques* 167, 2021/4, p. 27-42.

■ 48. L'adresse « tu » répétée anaphoriquement tout au long du chapitre est d'ailleurs un signe de cette impossibilité de s'identifier à soi-même et de renouer avec le fil de sa vie au cours de l'exil. Le mystérieux

repense ainsi ses propres analyses anthropologiques du souvenir et de la mémoire à l'aune de son expérience de l'exil qui constitue pour lui une fracture irrémédiable de son histoire individuelle. L'expérience de l'exil est en effet celle d'une privation de monde qui signifie en même temps l'effondrement du cadre ou de l'arrière-plan nécessaire à la synthèse de toutes les expériences passées. Selon Anders, c'est l'unité d'un monde et l'enracinement dans une communauté qui permet à un individu s'identifier à sa propre vie passée, de se souvenir. Le monde fonctionne comme une « *forêt de signes* » (JER, p. 79) unique dans laquelle chaque souvenir peut être replacé au bon moment et au bon endroit de l'histoire. Au contraire, privés de l'unité d'un monde commun et de la reconnaissance de leur rôle social, les émigrants sont également privés de leur capacité à nouer le fil de leur existence en une unité biographique. Pour Anders, sa vie a été coupée, déchirée en une multiplicité de vies au pluriel qu'il ne peut relier entre elles :

> Tu m'as demandé une « vita », et ta requête me plonge dans l'embarras. Je n'ai pas eu de *vita*. Je n'arrive pas à me souvenir. Les émigrants ne peuvent en avoir. « La vie » au singulier nous a été volée, à nous qui avons été chassés par l'histoire mondiale. [...]
>
> [N]ormalement, le passage d'une phase à l'autre se déroule sur l'arrière-plan ou dans le cadre d'un monde qui, même s'il se transforme, est perçu comme constant. Cette constance du monde environnant garantit en général l'existence d'un lien entre les phases de la vie.
>
> Ce présupposé de l'unité de la vie nous a été refusé ; nous avons été renvoyés de monde en monde (JER, p. 77).

La situation d'exil, c'est donc ce moment où la grande histoire du monde, dessaisit l'individu de son histoire privée. L'anthropologie négative d'Anders implique qu'il y a une historicité des sentiments et de la psychologie : si la tâche des historiens de demain « sera d'écrire l'histoire comme une "histoire des sentiments" » (AH, p. 13), la mémoire elle-même a sa plasticité historique. C'est-à-dire qu'elle ne dépend pas seulement de l'objet du souvenir ou des capacités mémorielles du sujet, mais aussi « de la structure du parcours de vie au sein duquel il est inséré » (JER, p. 79). L'exil signifie non seulement une multiplication des vies vécues et des mondes rencontrés, mais aussi un dessin, un parcours particulier du fleuve de la vie qui demande à la mémoire un effort d'adaptation particulier. Chaque nouvel exil (pour Anders, de l'Allemagne à Paris, de Paris à New York puis Los Angeles, et enfin de New York à Vienne) représente un décalage, une fracture, un tournant de l'existence qui rend opaque le souvenir. L'existence n'a plus rien d'une fuite en avant linéaire, mais voit coexister en elle des temps qui « *se croisent* » (JER, p. 82) et qui ont chacun leur organicité propre mais ne peuvent se lier les uns avec les autres :

> À chaque changement d'axe, la tranche de vie précédente devient invisible. Lorsque j'ai atteint New York, la station suivante, je n'ai pu me rappeler Paris ;

« tu » auquel s'adresse Anders n'est autre que lui-même, une instance de sa psyché qui s'interroge sur la possibilité de raconter sa propre histoire.

et depuis que je vis à Vienne, l'atelier où j'avais à me rendre à Los Angeles est plongé dans l'obscurité – j'ai perdu tout lien avec ceux qui travaillaient à mes côtés, je ne peux plus me rappeler leurs visages. Il est encore moins possible de voir de l'autre côté d'un virage temporel que d'un virage dans l'espace ; on n'a pas encore inventé les périscopes temporels (JER, p. 82).

La modernité comme temps des grandes migrations crée encore une fois selon Anders une situation irrémédiable de décalage [*Gefälle*]. Non pas un décalage entre deux facultés distinctes (celle de l'entendement comme capacité de production et de l'imagination comme capacité de se représenter ce que l'on produit) mais un décalage dans le cours mémoriel d'une même existence. De la même manière que l'*homo faber* à l'époque de la bombe nucléaire doit s'exercer à allonger son imagination pour lui permettre d'être à la mesure de ses produits, l'émigrant qu'était Anders s'est vu constamment forcé de fournir des efforts mémoriels pour retracer les courbes d'un parcours de vie fracturé par l'acosmie.

On peut toutefois douter que cet effort de remémoration soit encore possible. Pour Anders, l'obsolescence de l'histoire et la production généralisée de l'oubli sont telles que nous avons perdu toute liberté anthropologique de nous tourner vers le passé pour nous le remémorer, tout comme nous avons perdu la liberté d'agir pour produire l'histoire à venir. L'idéologie du progrès s'est faite définitive, nous empêchant de tourner la tête vers d'autres compréhensions non linéaires de l'histoire qui perd ainsi sa pluralité et sa complexité. C'est en ce sens que nous pouvons comprendre le diagnostic andersien d'un dépassement de la figure benjaminienne de l'histoire, l'ange de Klee : elle serait encore trop optimiste, trop consciente du passé, de « la catastrophe, qui ne cesse d'amonceler ruines sur ruines et les jette à ses pieds »[49].

Puisque chaque nouvelle année, non, chaque nouveau jour nous confronte à un « nouveau monde », l'humanité progresse jour après-jour, elle va droit devant elle ou, mieux, elle *continue à progresser*, sans regarder derrière elle. Nous sommes là aux antipodes de l'ange de Klee – dont Benjamin a fait une figure symbolique – qui, même s'il est poussé vers l'avenir par la tempête de l'histoire prise dans ses ailes, tourne son visage vers le passé. Car l'humanité actuelle regarde aussi peu vers le passé que vers l'avenir. Pendant le passage de la tempête, ses yeux restent fermés ou, dans le meilleur des cas, fixés sur l'instant présent (OH2, p. 294-295).

Perrine Wilhelm
Université Paris 8

■ 49. W. Benjamin, « Sur le concept d'histoire », *op. cit.*, p. 434.

LES INTROUVABLES
DES CAHIERS

SUR LE MODE D'EXPRESSION PHILOSOPHIQUE ET LE PROBLÈME DE LA VULGARISATION
Extrait du *Journal philosophique*, New York, 1949

Günther Anders

Ce texte sur le mode d'expression philosophique fait partie d'une série de réflexions qu'Anders a menées sur la méthode et le langage dans les années 1940, juste avant de quitter les États-Unis pour s'installer à Vienne. Un seul de ces écrits a été publié par Anders lui-même : « Über die Esoterik der philosophischen Sprache [Sur l'ésotérisme de la langue philosophique] » [1943], dans *Die Sammlung* 7/11, 1952, p. 475-489.

Cet essai *Sur le mode d'expression philosophique et le problème de la vulgarisation* a été publié une première fois sans l'autorisation d'Anders dans Heinz Ludwig Arnold (ed.), Göttingen, Wallenstein Verlag, Göttinger Südelblätter. Anders a fini par autoriser cette publication après coup, et Gerhard Oberschlick l'a réédité de manière posthume dans le *Zeitschrift für Kulturphilosophie*, vol. 14, 2020/2, Hamburg, Meiner Verlag, p. 175-190. C'est cette édition corrigée que nous traduisons ici.

Perrine Wilhelm

7 février

Le professeur F., en présence duquel j'avais parlé hier du fait « que l'on puisse assassiner un millier de personnes, mais qu'on ne puisse se repentir que du meurtre d'une seule », m'a demandé aujourd'hui d'écrire un essai sur ce « thème » pour sa revue philosophique. Il s'est expliqué : « puisque vous considérez cette discrépance comme un objet si important de la phénoménologie de la morale… », etc.

Dire qu'il le considère comme un « objet » : comme si on le choisissait librement parmi toute une foule d'autres objets possibles, plus ou moins intéressants !

« Quel sujet voulez-vous traiter ? », demanda un rédacteur en chef à Basik, qui gémissait de douleur. Basik continua de gémir. « D'accord, ce sujet-là », dit le rédacteur en chef, qui prit par erreur les gémissements pour une réponse. « Et pas plus de trois mille mots, je vous prie ! »

22 février

Je me suis donc collé à ces trois mille mots. Cela fait déjà trois semaines. Comme c'est fastidieux !

Que je peine à trouver le ton que les professeurs d'université américains donnent à leurs dissertations philosophiques, ce n'est pas très grave. Mais j'ai constamment l'impression que je suis censé traduire un cauchemar en un jeu de société. Et le fait que je doive présenter ce qui est soit l'affaire de tous, soit celle de personne, aux trente ou trois cents lecteurs de ce magazine universitaire, et que je doive pour cela m'exprimer dans leur propre jargon, est d'une absurdité tout simplement paralysante.

23 février

J'ai l'impression d'être le personnage du « Conte de la lettre », un prisonnier qui veut révéler quelque chose d'important à son frère. Mais l'administration pénitentiaire, pour éviter un débordement trop violent de sentiments fraternels, ne l'autorise à envoyer sa lettre qu'à condition qu'il l'écrive non pas en utilisant le ton approprié à l'occasion et au destinataire, mais en latin. – Il ne manque que la conclusion : on réconforte le pauvre homme en lui disant qu'il a déjà bien allégé son cœur, et on l'oblige à adresser la lettre à un étranger. –

Combien de choses vraies et utiles peuvent être perdues par de telles versions « latines » envoyées à de mauvais destinataires !

Pourtant, la majorité de ces lettres artificielles ne sont pas écrites sous une pression directe. Au contraire, en peu de temps, la coutume devient une seconde nature pour la plupart des prisonniers. Si cette condition était levée du jour au lendemain et qu'ils étaient autorisés à écrire à nouveau leurs lettres dans un ton « approprié à l'occasion » et à les envoyer aux véritables destinataires – soit ils se tairaient pour la plupart, soit ils devraient se contraindre à faire un effort considérable pour prendre un ton naturel par rapport auquel leur latin sonnerait soudain comme un véritable cri du cœur.

27 février

Je me suis décommandé pour l'essai. Ce mode d'expression académique n'a aucune portée. Une autre mode d'expression est nécessaire. Rien d'extravagant. Au contraire, il faut « seulement » faire un pas en arrière, en direction du langage normal. Dans un discours normal, on s'adresse *à* quelqu'un, on parle de choses qui concernent cette personne, et sur un ton que cette personne comprend. Et celui qui ne parvient pas à cette normalité n'aura jamais rien à dire, même s'il a toujours quelque chose à « dire ».

29 février

L'expression « ésotérisme philosophique » est-elle vraiment légitime ? Dans ce cas, ce qu'il y a d'ésotérique n'est-il pas le fait qu'une personne, toujours *une* personne, au lieu de se lancer dans une profession raisonnable, se tourne vers la philosophie, claque la porte sur les opinions et les coutumes du monde commun[1], c'est-à-dire sur la caverne de Platon, domaine des ombres, pour migrer dans l'universel (et dans les langues spéciales qui tentent d'exprimer cet universel) ? Mais je doute que le terme « ésotérique » convienne à ce passage. C'est un passage solitaire, voire esseulé. Et il est solitaire et esseulé, même si un autre a donné le coup de pouce décisif à cette « émigration ». En réalité, le comportement du philosophe ne devient « ésotérique » qu'au moment où il décide de devenir « exotérique », c'est-à-dire de transmettre ses expériences à d'autres. Je dis « exotérique » car en comparaison avec sa solitude philosophique, cela revient presque au même qu'il partage son activité avec un cercle de dix personnes, ou à tout le monde. Ceux qui deviennent ésotériques au sens habituel du terme, c'est-à-dire un cercle fermé et hermétique, ce sont ses disciples.

Il n'est pas impossible que le fait d'être philosophe soit lié à un tel isolement, à une telle différence par rapport à la majorité. Je sais que cette pensée, même si elle n'est exprimée que sous forme de supposition, viole les idéaux américains d'extraversion, voire les idéaux démocratiques. Mais je ne peux pas m'en soucier. Si ma supposition est fondée, alors tous les efforts d'une démocratie pour avoir des philosophes qu'elle pourrait appeler « siens » sont vains, car contradictoires. On ne conteste évidemment pas le fait qu'il puisse malgré tout y avoir des centaines de théoriciens qui suivent le courant tout en se prenant pour des « philosophes ».

3 mars

Après avoir affirmé la veille, de manière assez triviale, l'impossibilité de la philosophie dans les États non démocratiques (puisque, selon lui, les réponses y sont déjà fixées et que les questions y constituent déjà des hérésies), B. surprit aujourd'hui ses étudiants en leur faisant remarquer qu'en réalité, il ne pouvait pas non plus être question de philosophie dans une démocratie.

---

1. Le « monde commun » [*Mitwelt*] est repris de Heidegger chez qui il désigne le monde où le *Dasein* est caractérisé par le fait d'être-avec autrui, c'est-à-dire le « monde commun », le monde qui sur « la base de ce *caractère d'avec* propre à l'être-au-monde, [...] est à chaque fois toujours déjà celui que je partage avec les autres. » Martin Heidegger, *Être et temps*, § 26 « L'être-là-avec des autres et l'être-là avec quotidien », trad. fr. E. Martineau, édition numérique hors commerce, p. 109 (N.D.T.).

« Mais de quoi d'autre, alors ? »

« Tout au plus de philosophies. Au pluriel. »

« Et le pluriel vaut moins que le singulier ? »

B. haussa les épaules.

« Mais alors, où la philosophie peut-elle exister ? »

« Là encore, je ne peux pas répondre. »

« Comme s'il en avait un jour été autrement ! » s'exclama l'un d'eux.

« De quoi ? »

« Qu'il y ait eu quelque part de la philosophie au singulier. Même le mot *"ancilla"* [esclave] n'était-il pas une façon de parler ? Ne s'agissait-il pas toujours d'*"ancillae"* [esclaves] ? »

« Ça me paraît tenir la route », admit B. « Mais chaque philosophie particulière s'est justement considérée comme *la* philosophie. Alors que le point décisif (et peut-être le seul point commun) chez tous ceux qui font de la philosophie au sein d'une démocratie est que chacun d'entre eux reconnaît aux autres le même droit que lui à prendre son opinion pour *la* vérité ; ou plutôt ne donne à personne le droit de se prendre pour *la* vérité, mais seulement pour *une* vérité – avec un article indéfini. Mais en utilisant cet article indéfini, on abandonne sa prétention à la vérité. Et c'est ainsi que prend fin la philosophie. »

Cette phrase de conclusion suscita une certaine agitation. L'un des étudiants énuméra des philosophes américains contemporains... Et eux, ce ne sont pas des philosophes, peut-être ? Et un autre, fier de son savoir acquis à grand peine, ne cessait de crier que la philosophie était une *activité* : « S'il y a des philosophies, au pluriel s'il vous plaît, alors il y a bel et bien discussion, donc philosopher » – et, pour se faire entendre, il braille sa dernière syllabe de manière si épouvantable que son voisin finit par lui mettre la main sur la bouche.

7 mars

« Celui qui est habitué au breuvage artificiel de l'idiome spécialisé », se plaignit K., « peut croire l'espace d'un instant que la langue quotidienne est de l'eau de source. Mais, l'instant d'après, une fois qu'il y a goûté, il constate avec dégoût que chaque gorgée qu'il vient de prendre est contaminée par des préjugés et des philosophèmes réduits en bouillie. Que doit-il faire ? Il ne *veut* pas philosopher dans le langage ésotérique ; mais dans le langage exotérique, il ne le *peut* pas. Que lui reste-t-il ? »

S. avait attendu une pause en retenant son souffle. Il se lança : « c'est exactement le problème auquel s'est attaqué Heidegger et qu'il a résolu. Comme lui aussi suspectait tout autant le langage quotidien que le langage technique, il a emprunté une troisième voie : il est remonté aux *sources des mots*, aux situations d'un passé auroral où les choses étaient encore vraiment en vue. »

« Les choses actuelles ? » demanda M.

« Et il parlait en utilisant des néologismes soi-disant archaïques », dit K., « de sorte à être encore plus ésotérique que le groupe de spécialistes le plus ésotérique ! »

« Allons donc ! », l'expédia L. « À quoi cela tient-il, qu'un idiome philosophique qui se sépare des autres reste étrange et ésotérique ? Cela dépend entièrement de son succès. Et dans le cas de Heidegger, il est déjà assuré. Aujourd'hui déjà, sa langue a l'air bien moins ésotérique qu'il y a vingt ans. Et ses néo-logismes... »

« Archéo-logismes, tu veux dire », l'interrompit M. « Ne voyez-vous donc pas qu'à travers ces archéo-logismes, Heidegger livre *in nuce* [en un mot] un contenu philosophique, et même une métaphysique de l'histoire qui est tout sauf démontrée ? Et je fais totalement abstraction du fait que chaque "aurore" suit une aurore plus lointaine encore, qui la plupart du temps est inconnue. Mais même en supposant qu'il existe vraiment quelque chose comme une "aurore absolue", pourquoi devrait-elle être la vérité ? Ou bien la vision de la vérité ? N'est-ce pas là une manière d'affirmer qu'il y a une *aetas aurea*, un âge d'or de la vérité ? Ou une histoire de la révélation ? Sauf que chez Heidegger, ce n'est pas Dieu qui, un jour ou à plusieurs moments du passé, a révélé la vérité, mais plutôt... mais plutôt *quoi* ? Cela, vous devriez le demander à Heidegger lui-même. Et pourquoi l'histoire qui suit ce passé auroral devrait-elle être exclusivement une histoire de l'*opacité*, l'inverse des Lumières, une forme de progrès retourné ? Heidegger n'est-il pas là tributaire du mythe du progrès, fût-ce de manière polémique ? *Pourquoi le fleuve serait-il moins vrai que la source ?* »

A cette question, personne ne répondit.

« En recourant à l'étymologie, Heidegger pose implicitement l'équation du passé et de la vérité, et trahit par-là un renoncement. Il renonce à la vérité du présent et à rectifier le monde d'aujourd'hui. Exactement, malgré ses néologismes. Car on ne peut pas atteindre notre monde grâce aux radicaux de la langue passée. »

« Vous renoncez-donc vraiment à cette équation ? », demanda S. avec stupeur.

« On ne peut pas dater la vérité », répondit M. « Et il est tout aussi insensé de la chercher dans une aurore immaculée que de la reporter dans un futur encore éloigné. »

S. se contenta de secouer la tête sans comprendre.

« J'en ai vraiment assez de l'identification de l'"essence" et de l'"origine" ! » continua M. « La théorie de la race, fruit le plus toxique de cette équation, ne vous a-t-elle pas mis, au moins un peu, la puce à l'oreille ? La régression aux racines de la langue n'est-elle pas, tout comme l'hystérie raciste, une "dérive nationaliste" [*Tümelei*] ? Et même si Heidegger ne verse pas, ou pas seulement, dans la "germanisation" (car pour lui, c'est la Grèce qui est la véritable "aurore"), il verse tout de même – pardonnez-moi cet affreux jeu de mots – dans l'"*européanisation*", comme si l'Europe avait été élue par une quelconque grâce cosmique et était (encore et toujours) *le* monde. Pourquoi les autres parties du monde, à l'instar des époques qui succèdent à l'aurore, c'est-à-dire les époques de "déclin progressif", ne participent pas à la vérité – qui semble avoir trouvé son incarnation en Europe –, cela dépasse mon entendement. »

« Et vous-mêmes, vous ne vous retrouvez pas dans les mots-sources de Heidegger ? », demanda S., encore épouvanté.

« Que nombre de ses disciples y parviennent, je ne le nie pas », répondit M. « Mais je me demande s'ils ne trouvent et n'inventent pas, à l'aide des mots de Heidegger, un être qui n'a justement aucun rapport avec leur situation réelle (avec toutes ses composantes politiques, sociales, économiques, etc.). Ce que je veux dire par là, ce n'est évidemment pas que ces disciples se "trompent" simplement. Au contraire, ils ont été si profondément convertis, si réellement transformés par la philosophie de Heidegger (et par la pré-philosophie déjà contenue dans la langue de cette philosophie), qu'ils peuvent désormais, et à juste titre, se reconnaître en elle. Car c'est grâce à ses adeptes que toute philosophie, du moins toute philosophie qui est aussi largement une philosophie de l'être humain que celle de Heidegger, finit par *devenir vraie*. Car ce sont ces adeptes qui font de cette prétendue *image* de l'être humain leur *modèle* et se transforment eux-mêmes efficacement *kat'eikona* [à son image]. Même le véritable national-socialiste a bel et bien fait du mensonge une vérité. »

« Et quel rapport avec la question de la possible vérité du langage philosophique ? », demanda K., non sans reproche. « C'est pourtant elle qui nous occupe. »

« Puisque nous discutons du fait que Heidegger a contourné l'alternative entre langage technique et langage courant en proposant une prétendue troisième voie, il apparaît que nous n'avons pas quitté notre sujet », expliqua M.

« Et *vous*, quelle issue proposeriez-vous, si *vous* vous retrouviez pris dans cette alternative ? », demanda alors S., pris par avance du malin plaisir de voir M. en difficulté.

« Qu'il est courtois d'employer le conditionnel », répondit K. « Mais je ne peux pas non plus affirmer que je connais une véritable issue. Tout ce que je peux faire, c'est évoquer un cas analogue qui, si on le prend au sérieux, pourrait peut-être nous orienter dans la bonne direction. – Et en effet, notre problème est aussi celui de l'art poétique. Et ce depuis quelques décennies déjà. Le poète responsable, lui aussi, a le choix entre le langage courant et le "langage technique" de la poésie ! Ce dernier semble *eo ipso* inapproprié dans la situation actuelle, son raffinement trahit sa fonction de classe. Le fait qu'il prétende renoncer (et même avec orgueil et complaisance) à un certain destinataire le rend tout aussi suspect. Faire rimer la misère semble, dans la mesure où la rime elle-même reflète ou anticipe déjà la réconciliation, une tromperie. Sa solennité est un prétexte, une manière de *ne pas* penser ce qu'il dit. Donc on élimine ce jargon poétique. »

« De l'autre côté, il y a le langage courant qui est inapproprié à la poésie non parce que sa sécheresse prosaïque y ferait obstacle, mais au contraire parce qu'il grouille de vermisseaux de pathos et de poésie en décomposition, parce qu'il est le réservoir d'une poésie décomposée qui pompe sur elle-même et qui est maintenant en train de fermenter – tout comme le langage courant est aussi le réservoir de philosophèmes dégradés. Il est certes le medium par lequel on s'adresse directement aux gens – aussi bien dans les conversations quotidiennes que dans les médias de masse. Mais c'est aussi le medium du mensonge, ponctué de gestes et de points d'exclamation avec lesquels le poète

responsable ne peut, ne doit et n'est pas capable de rivaliser. Le langage courant n'est donc pas non plus approprié à la poésie.
» « Mais que faire, lorsqu'on est coincé dans cette alternative pathétique entre une langue à la Hofmannstahl et celle du journal local ?» « Renoncer», dit M.
« Pour laisser à d'autres le soin de fabriquer des sentiments faux et ruineux? Et que les poètes puissent s'en laver leurs paresseuses mains?» Les deux hommes se turent.
« À la question de savoir ce que *le* poète doit faire, on ne peut pas donner de réponse universelle. Mais il en y a, et il y en a eu, quelques-uns qui ont, chacun à leur manière, essayé de créer une langue appropriée – des langues qui ne sont pas poétiques au sens habituel du terme. Je pense ici à Kafka et à Brecht. Tous deux partent du principe que le langage courant lui-même est déjà chargé de faux lambeaux de pathos, parcouru d'une fausse poésie, animé par une fausse espièglerie, obscurci par une fausse philosophie. S'ils voulaient trouver un mode d'expression vraiment saisissant, un mode d'expression qui se distinguait nettement du langage courant, il fallait qu'il soit non pas plus élevé et plus fleuri que ce dernier, mais plus direct, plus dépouillé et plus maigre. Ils devaient enlever la mauvaise graisse de leur viande spirituelle. Il est tout à fait logique que le ton de la langue s'aggrave au cours de cette opération, qu'il prenne une tournure de greffier (chez Kafka), ou se fasse cynique (chez Brecht) – si tant est qu'il faille dire quelque chose contre cette aggravation. Ces modes d'expression sont tous deux extrêmement désabusés et peu sentimentaux. Chez ces deux poètes, mais particulièrement chez Brecht, il s'agit là de *mesures didactiques d'inversion*. De la même manière que Brecht, dans *L'Opéra de Quat'sous*, présente des voleurs comme des petits-bourgeois pour signifier par cette inversion que les petits-bourgeois sont des voleurs, de la même manière, la nudité dépouillée de ses strophes est une manière formelle de dire que le langage courant porte une fausse parure. Par son mode d'expression, Brecht suit ainsi la maxime : "Là où les vauriens se parent, le poète se dépouille." »
« Mais je dis "poètes" pour les désigner. C'est parce c'est bien ce qu'ils sont, tous les deux. Exposé dans sa nudité, le corps de la langue rayonne désormais d'une plus belle manière qu'avant. Sa beauté ne dépasse pas seulement le clinquant du langage courant, mais aussi la pompe d'une poésie à la Hofmannsthal. Dès l'instant où le corps de la langue sort nu de son apparat, il prouve que l'alternative entre une poésie formelle et une fausse « prose-poésie » n'avait jamais été insoluble. À côté des énoncés directs de Kafka ou de Brecht, la poésie formelle aussi bien que la "prose-poésie" donnent l'impression d'être tarabiscotées et fleuries.»
« Nous avons donc trouvé un troisième style dans la poésie. Il me semble que notre tâche consiste à trouver quelque chose d'équivalent en philosophie. Par pitié, pas une imitation directe de Kafka ou de Brecht. Mais en tout cas une tentative pour trouver un ton direct. Un ton qui se tient autant à distance du langage courant dépravé que du langage technique élevé. Si cette tentative réussit, alors nous aurons fait un grand pas. Qu'on nomme encore ou non cette tentative "philosophie", quelle importance? À propos de Whitman ou

de Brecht, on a aussi douté que leur œuvre était de la "poésie", on a dit que le premier écrivait des hymnes religieux, et qualifié le second de didacticien. Et aujourd'hui, sait-on si les ponts sont des œuvres d'art ou bien des équipements techniques? Les questions de classification ne devraient jamais nous faire peur. Si les choses réussissent, elles contribueront d'elles-mêmes à modifier après-coup les classifications. »

17 mars

« Mais comment peux-tu te réclamer de Socrate dans ton plaidoyer pour un philosopher exotérique », s'étonna Tr., « alors même que Socrate a péri précisément pour son ésotérisme! »

Je ne comprenais pas vraiment où il voulait en venir. « Mais qu'il soit mort en ésotérique, je n'en suis pas si sûr », répondis-je, hésitant.

« Alors tu nies aussi qu'il a été la victime du régime démocratique de l'époque? »

« Non, cela, on peut difficilement le nier. Penses-tu que le fait que les démocrates l'aient mis hors d'état de nuire et que la démocratie soit "exotérique" prouve l'ésotérisme de Socrate? »

« Évidemment. »

« Mais ceux qui l'ont mis hors d'état de nuire – l'ont-ils fait par peur de son individualisme ou parce qu'il aurait revendiqué des privilèges en matière de vérité, ou même d'autres prérogatives? Ou n'est-ce pas plutôt parce qu'il voulait rendre exotérique quelque chose d'autre qu'eux, à savoir la raison plutôt que leur doxa et leurs mœurs exotériques? Es-tu donc si sûr qu'au procès de Socrate, ce sont des démocrates et des non-démocrates qui se sont affrontés? Ne s'agissait-il pas plutôt (tout comme dans l'autre antagonisme : Socrate et les sophistes) de deux conceptions différentes de la "démocratie"? (Pour autant que l'on puisse parler d'une "conception" du côté des plaignants?) Quelqu'un a-t-il jamais eu un style, un objectif et un lieu d'enseignement, ainsi qu'une manière de choisir ses élèves, plus démocratiques que les siens? » Il en convint.

« Mais laissons cela! » conclus-je. « Moi non plus je ne suis pas historien. Le sujet de notre discussion, ce sont ses petits-enfants et ses arrière-petits-enfants, c'est-à-dire nous. Les centaines de philosophes qui ont subi depuis des épreuves similaires à la sienne – ont-ils été persécutés parce qu'ils auraient défendu leurs propres privilèges ésotériques? Ou n'est-ce pas au contraire parce qu'ils ont revendiqué les mêmes droits *pour tous*, y compris les droits à la vérité? Le plus grave – et, en un certain sens, le destin de Socrate fait ici jurisprudence –, c'est que la plupart de ces philosophes ont été les victimes de ceux dont ils défendaient les droits, précisément *parce qu*'ils défendaient leurs droits. Mais mourir de mains amies plutôt que de mains ennemies, n'est-ce pas souvent le destin des martyrs? »

21 mars

« En résumé », fit P., « le problème de notre discussion porte sur l'alternative entre science rigoureuse et vulgarisation. »

« Justement pas ! » m'écriai-je. « Lorsqu'on philosophe en posant encore et toujours la même question qui oppose ésotérisme et exotérisme de la philosophie, et qu'on choisit l'ésotérisme, on ne décide pas *si* la philosophie sera vulgarisée ou non, mais *comment* elle le sera. Et on se rend alors complice. »

« Complice ? »

« L'alternative entre science pure et vulgarisation est insuffisante, et donc fausse. Qui est contre la vulgarisation plaide non seulement pour la science pure, mais aussi en même temps et de manière implicite pour l'ignorance de ceux qui ne participent pas à la forme pure de la science. C'est-à-dire qu'il plaide pour que l'on continue d'abandonner à d'autres la responsabilité de l'esclavage idéologique, du façonnage des esprits et de la superstition – qui ne poussent pas sur les arbres mais sont bel et bien fabriqués. Quelqu'un va bien finir par concocter une quelconque philosophie pour la "masse". Mais vous, vous vous en laverez les mains ! »

P. semblait ne pas comprendre.

« Ne croyez pas », continuai-je, » que vous pourrez atteindre quelque chose de positif si vous rejetez purement et simplement la philosophie populaire. Ce que vous créez alors, c'est un vide dans lequel d'autres – de plus mauvais que vous – vont s'engouffrer. Dans le meilleur des cas, ce ne seront que de vrais philosophes populaires. Mais il y a beaucoup plus de chances que ce soient des escrocs plutôt que des vulgarisateurs. Si nous ne descendons pas nous-mêmes dans les rues et que nous ne "descendons" pas en même temps la philosophie – vous m'excuserez l'ambiguïté du terme –, alors chaque place que nous n'occupons pas le sera par un crieur de rue. Et à côté des épouvantables philosophèmes qu'ils débiteront, les vulgarisations les plus plates nous apparaîtront de nouveau comme l'incarnation de l'humanité et de la véracité. »

22 mars

Parfois, la question de savoir s'il faut vulgariser la philosophie me semble tout à fait dénuée de sens. C'est comme si quelqu'un demandait si l'on doit propager les douleurs traumatiques, ou encore accroître la production en masse de poivre pour les plaies[2]. Comme il est naïf de supposer que tout ce qui prend une « forme culturelle » est de ce fait toujours déjà un « bien » dont la possession vaudrait mieux que la non-possession ! Dans le meilleur des cas, si la philosophie n'est ni une douleur traumatique, ni du poivre pour les plaies, elle est peut-être un pansement. Mais pourquoi devrait-on utiliser un pansement là où il n'y a pas de blessure ?

Il est vrai qu'aujourd'hui, c'est bien ce que l'on fait. On crée de la douleur, du poivre et des pansements – bref, des philosophies qui sont prêtes à nous être livrées à domicile. Elles sont même « gratuites », c'est-à-dire utilisables sans payer des droits d'auteur. Elles sont donc des marchandises idéales, et ce serait du gaspillage de ne pas les vendre à l'humanité. Quelle offre : de la douleur, du sel et des pansements ! Ne manque que la demande. Ne manque que la blessure.

■ 2. Le poivre était un remède de grand-mère censé favoriser la cicatrisation des plaies mais il a été abandonné de nos jours car il conduit à des surinfections (N.D.T.).

Mais avec autant de produits disponibles, la production de la demande ne devrait-elle pas nous donner du fil à retordre ? Ne vivons-nous pas à l'époque où l'on produit les besoins pour sauver les marchandises ?

Mais pas d'inquiétude ! Les livres philosophiques ne tomberont pas sur un sol infertile. Lorsqu'ils arriveront sur le marché, les besoins seront déjà là, produits sur mesure et attendant d'être satisfaits. Les réponses trouveront leurs questions, les pansements leurs douleurs, le poivre ses blessures. Et d'un seul coup, la vie culturelle deviendra réelle.

Préparons donc les questions pour les réponses ! Et les blessures pour les pansements ! Mais oublions-nous le bon vieux temps où – vous en souvenez-vous ? – l'ordre était inversé ?

27 mars

« Vous partez d'une hypothèse tout à fait douteuse ! » s'exclama quelqu'un. « Il est totalement faux de présupposer que l'ensemble du patrimoine culturel spirituel est destiné à un cercle restreint et qu'il ne peut donc être aisément étendu à une consommation de masse ! Beaucoup de choses sont dès l'origine destinées à "l'humain en général", même si ce terme est la plupart du temps connoté par des intérêts de classe et soumis à leur finalité ; et ce n'est qu'après coup que les classes éduquées s'approprient les œuvres pour en faire des monopoles de classe. Si Socrate avait écrit des œuvres, auraient-elles été destinées à certaines classes en particulier ? Ou Schiller et Beethoven – pensez-vous que ces deux-là avaient l'intention de proposer uniquement aux milieux culturellement privilégiés d'"enlacer des millions" de gens [3] ? Il y a beaucoup de choses que nous devons tout simplement *dérober à leurs voleurs* – ce qui ne signifie pas que des consommateurs d'origine, quels qu'ils soient, aient un jour été volés, mais que les produits du passé deviennent les éléments constitutifs, les preuves ou les fleurons des classes dominantes qui les possèdent. Chaque œuvre d'art, chaque œuvre philosophique, tant qu'elle est portée en tant que "culture", participe de manière posthume aux nuances sociales de ceux qui la porte. Le "Soyez enlacés, millions !" est peut-être plus vrai lorsque des millions de gens l'entendent à la radio que lorsqu'il est joué lors d'un concert philharmonique devant une élite musicale. »

« Utilisé dans une publicité pour du savon en poudre ! » se moqua un autre.

« Oui, allez-y, moquez-vous ! Il est plus vrai même à la radio, aussi claires que soient les intentions commerciales de celle-ci. – Du reste, les valeurs culturelles créées et reproduites industriellement puis commercialisées en masse peuvent parfois être plantées sur un sol fertile. Il est certain que nous sommes d'accord sur les motifs qui poussent le producteur de paillettes de savon à faire diffuser les symphonies de Beethoven. Mais n'y a-t-il pas des milliers de personnes qui "trompent" l'entreprise à l'origine de cette émission radio en écoutant réellement ce qui est diffusé comme étant du Beethoven ? Et qui récoltent comme un art ce qui a été semé en tant que publicité ? »

■ 3. Anders fait référence ici à la dernière strophe de l'*Ode à la joie*, poème de Schiller repris dans le quatrième mouvement de la 9ᵉ symphonie de Beethoven : « *Seid umschlungen, Millionen* [...] », « Soyez enlacés, millions [...] »(N.D.T.).

3 avril

R. soutint que le philosophe est fondamentalement oppositionnel, qu'il est en fait l'homme sans mœurs *kat'exochen* [par excellence], car il ne prend pas part aux opinions – et que sont les opinions, sinon des mœurs? Cette affirmation suscita une vive résistance de la part de F., qui est professeur assistant en philosophie. Il se comporta comme si on lui avait soudain révélé avec un injuste retard qu'il faisait partie depuis des années et sans le savoir d'un groupe de conspirateurs.

« Oui, mon cher », le nargua R., « te voilà dans de beaux draps! Le procès qu'on a fait à Socrate n'était guère que le premier cas de jurisprudence. On a intenté ou on intentera ce procès à chacun de nous. Il suffit que tu penses une fois ce que tu dis, ou que tu essayes de rendre vrai ce que tu penses. Désormais, tu es et tu seras toujours un marginal, ta dangerosité est notoire du fait de ton appartenance à ceux qui font de la philosophie. Cela vaut bien sûr autant pour moi que pour toi. Et je peux te fournir des chiffres qui prouvent que l'on nous met à l'écart, nous, les marginaux, lorsque la situation s'aggrave. Pas moins de 70% de nos ancêtres jusqu'au XVIIe siècle – c'est-à-dire des philosophes – ont péri d'une mort non naturelle. Je les ai comptés [4]. Prends garde à cela!» Et puis, sur un tout autre ton et en s'adressant à tous : « Je voudrais encore ajouter qu'il y a là un problème, je veux dire un problème lié à notre discussion sur la vulgarisation. Je sais que ce que je vais dire va paraître suspect. Cela paraît suspect même à mes propres oreilles. Mais si la philosophie consiste fondamentalement en une "divergence", peut-on seulement, est-il seulement permis de la faire ingérer en tant que "bien culturel"? Ne vous méprenez pas! Cet argument n'est pas une de mes lubies, mais bien une objection classique. Si tout le monde philosophait, c'est-à-dire si tout le monde devenait un "marginal", cela ne reviendrait-il pas à une désintégration totale de la société? Bien sûr, je n'affirme pas que ce danger soit imminent. Mais qu'il ait joué un rôle très réel dans l'histoire, on ne peut le nier. Après tout, la lutte contre Socrate ou contre les sophistes n'était pas simplement un signe d'étroitesse d'esprit, mais une lutte pour le pouvoir. Et donc pour les mœurs. »

7 avril

De plus en plus souvent et de plus en plus clairement, je ressens comme une chance le fait que les circonstances m'aient empêché de passer ma vie dans le milieu de la philosophie académique. La tâche de continuer à philosopher, de tenir des propos philosophiques au sein du langage non-académique et dans un milieu uniquement composé de non-philosophes, implique certes chaque

---

■ 4. Si nous suivons encore la remarque éditoriale de Gerhard Oberschlick, il s'agit là d'une exagération philosophique, méthode bien connue d'Anders pour atteindre une vérité à partir de l'analyse d'un évènement singulier. Anders a cependant pris très au sérieux cette question du caractère nécessairement dissident et non-conformiste de la philosophie, notamment dans le dialogue théâtral inachevé « Die ermordeten Philosophen : Gespräch [Les philosophes assassinés : dialogue] » (LIT 237/W 77) entre un philosophe et un politicien. La partie manquante de ce dialogue en est la partie centrale : il s'agit d'une présentation de différents philosophes contestataires sous forme de témoignage de ces derniers. À défaut de cette partie manquante, il reste dans la même boîte d'archives une liste, établie par Anders, d'une trentaine de philosophes qui ont été poursuivis par le pouvoir, forcés à l'émigration ou même exécutés (N.D.T.).

jour une difficulté nouvelle. Mais en assumant cette tâche, nous réduisons infiniment la tentation et le danger de se perdre dans les méandres d'un vocabulaire ésotérique et de parler pour ne rien dire. Rien n'est plus salutaire pour le philosophe que la contrainte et l'habitude de fréquenter des gens qui se consacrent à leur métier et qui, lorsqu'ils parlent, savent de quoi ils parlent ; et rien ne lui est plus indispensable que de prendre de la distance vis-à-vis de la philosophie, c'est-à-dire de prendre conscience de l'ampleur du fossé qui se creuse entre les activités du monde et sa propre profession, en fait si peu naturelle. Si l'on vit exclusivement parmi des philosophes professionnels, si le langage philosophique devient le langage quotidien, alors le point zéro se déplace et la conscience du fossé s'endort. Il est vrai que cela irrite au plus haut point, et que cela peut même vous faire bouillir de colère, lorsque vos semblables, sortant de leurs activités si facilement identifiables qu'elles vous font envie, vous demandent : « Mais pour l'amour du ciel, qu'est-ce que vous fabriquez en ce moment ? » – mais il ne faut pas éluder ces questions, mais toujours essayer de s'expliquer. Même si la réponse risque de nous rendre ridicules. En revanche, si la réponse frappe la personne qui pose la question (alors qu'elle est peut-être en train de laver sa voiture ou de porter des tomates au marché), on est alors confirmé comme on ne le serait jamais dans la vie académique.

Bien entendu, cette explication ne doit pas signifier que l'on se débarrasse de la personne qui pose la question en lui servant des mots issus d'une formation philosophique générale. Le professionnel d'aujourd'hui est habitué à la précision et il sent avec finesse si le mode d'expression est trop approximatif, même dans d'autres « spécialités ». Si l'on trouve la juste position où l'on est capable de relier son propre problème à l'existence de son interlocuteur, ce dernier est souvent prêt à suivre une opération intellectuelle compliquée. Mais quoi que l'on réponde, il faut observer la précision de la philosophie académique, y compris dans cette « explication » standard.

Je me trouve dans la ligne de mire des critiques en provenance des deux fronts opposés : entre le feu des êtres humains qui ne sont pas philosophes et celui des philosophes qui, en un certain sens, ne sont plus des « êtres humains ». Les uns me tirent dessus lorsque la problématique semble invraisemblable ; les autres, lorsque je ne réponds pas aux critères de précision qu'ils ont formés dans leur travail ésotérique. Je me trouve donc entre ces deux lignes, susceptible d'être touché par l'une comme par l'autre. – Est-ce qu'on peut considérer cette situation comme une chance ? Au sens où moi aussi, je pourrais toucher ces deux lignes ?

12 avril

Dr. W., rédacteur d'une revue philosophique, m'a rendu visite hier. Il semble incapable ne serait-ce que de demander l'heure sans utiliser une expression savante. Quand il m'a demandé sur quoi je travaillais, j'ai répondu innocemment « sur quelque chose de philosophique, mais pas vraiment académique », et il a réagi avec un mépris sans nom. « *À la bonne heure** » dit-il en relevant le front, et il sembla regretter d'avoir perdu son temps avec moi, « allez seulement rejoindre vos amis les vulgarisateurs. »

Je n'avais rien dit, ni pensé de tel.

Il n'en tint pas compte. « Vous devez bien savoir ce que vous faites. Et à quoi mène la philosophie populaire ! » Et comme je répondais par la négative, il continua : « À la condescendance ! »

Je me tus.

« Oui, exactement, à la condescendance ! Parce que la philosophie populaire contient le présupposé implicite que nous sommes les heureux détenteurs du monopole de la culture, de *la* culture, avec un article défini ; que les questions, problèmes, méthodes et théories philosophiques existants sont *les* biens culturels, de nouveau avec un article défini, s'il vous plaît ; qu'ils sont neutres socialement et du point de vue de la classe – aussi neutres que les méthodes et résultats des sciences naturelles ; et qu'en eux sont consignées des choses valables et importantes pour tout être humain ; et qu'ils représentent des valeurs, des valeurs facilement transférables de leur *locus socialis* à n'importe quel autre point, valeurs auxquelles, malheureusement, la majorité de l'humanité ne participe pas. Vous ne voyez vraiment pas ce que c'est, votre vulgarisation ? C'est faire l'aumône ! C'est-à-dire de l'orgueil ajouté à de la mauvaise conscience, si ce n'est pas quelque chose de plus scandaleux encore ! Pascal et Descartes pour les indigènes ! »

« Les indigènes ? »

« Parfaitement, les indigènes. – Ce que vous faites là ne se différencie en rien de ce que pratiquent les colonisateurs lorsqu'ils vendent aux noirs congolais la pudeur sexuelle sous forme de pantalon de toile ! Non, non, ne faites pas de différence trop subtile ici, par pitié ! Dans les deux cas, vous proposez la marchandise comme un bien et vous faites savoir aux gens que l'acquisition de ce bien a de la valeur pour eux en toutes circonstances. Voilà précisément ce qui est condescendant ! »

Je repris mon souffle à sa place.

« Et il n'est pas nécessaire de démontrer que de telles pratiques et la réception effective de ces valeurs offertes ne peuvent avoir que des effets barbares ! »

« Probablement » soufflai-je, confondu.

« Comment-ça, "probablement" ? » cria-t-il alors. « Un bout de Kant ou un peu de Descartes que l'on injecte dans une existence confrontée à de tout autres soucis, des soucis qui, Dieu le sait, sont plus réels que ceux de Kant ou de Descartes – reste bien sûr un morceau erratique, un corps étranger inassimilable, qui provoque tout au plus la conviction que la culture se compose de ce genre de choses isolées et particulières, de – pardonnez-moi ce mot hideux – "biens culturels". Et maintenant, vous aussi vous voulez faire le jeu de cette conviction barbare qui s'est déjà imposée presque universellement sans votre aide complaisante (puisque les biens culturels, comme tous les autres, sont produits en masse pour être vendus en masse). *À la bonne heure** ! Mais sans moi ! » – Et, radical comme il l'était, il se leva et partit.

Toutes ses phrases étaient vraies. Car il est vrai que la transmission de « biens culturels » isolés conduit à l'inculture et à un concept de « culture » qui témoigne lui-même de l'inculture. Il est vrai que la vulgarisation de la philosophie transmet rarement autre chose que des résultats édulcorés, seulement des réponses, et non les questions qui les ont précédées. – Il est vrai que la conviction que tout produit que l'on considère aujourd'hui comme un « bien culturel » pourrait et devrait, toujours et en tout lieu, avoir pour effet de cultiver ou de former tout le monde est une preuve de naïveté historique. – Il est vrai que des œuvres d'art ou des connaissances individuelles, jetées dans une vie misérable, bancale et sans loisirs, n'ont pas la moindre efficacité ou réalité. – Il est vrai que la culture ne consiste pas en des objets, mais en un monde qui offre la possibilité d'autres relations humaines, de loisirs et de savoir-vivre. – Il est même vrai que la vulgarisation naît souvent d'une impulsion de condescendance. –

Mais comme W. a affreusement déformé chacune de ces vérités ! Et comme les conclusions qu'il en tire sont affreusement mensongères ! Car que fait-il à présent ? Que fait-il pour la « vraie » culture ? Que fait-il, nom du ciel, pour *ne pas* aller au-devant des besoins des « indigènes » et pour *ne pas* être condescendant à leur égard ? Quelles conclusions tire-t-il de son constat que tous les produits culturels ne sont pas « transférables » ? – Il se retire. Tout simplement. Non, même pas. Au contraire, il reste là où il était, dans l'ésotérisme de l'activité académique, et écrit de manière tout aussi ésotérique que ses collègues qu'il méprise. Il est peut-être même plus ésotérique que ces derniers qui bricolent innocemment à l'abri de la vie académique. Et plus ésotérique que ceux qui veulent préserver la dignité ou le niveau de la science. Et même plus ésotérique encore que ceux qui sont ésotériques parce qu'ils méprisent la masse. Car il ne donne pas plus à la masse que ces derniers, c'est-à-dire rien du tout. Mais si *lui* ne donne rien, c'est (ou c'est soi-disant) parce que le don signifierait être condescendant ou violer la dignité humaine, et parce qu'il serait la preuve d'une naïveté en matière de philosophie de l'histoire. Si *ceux qui méprisent la masse* ne donnent rien, c'est parce qu'ils sont aveugles aux besoins de cette dernière ou parce qu'ils reconnaissent le savoir comme un pouvoir et défendent farouchement le monopole de sa culture. La différence entre ses motivations et les leurs peut certes être immense. Mais les motivations de notre contradicteur ne sont-elles pas un simple luxe ? Y a-t-il une différence entre ce qu'*il* fait et ce qu'*ils* font, entre ce qu'*il* omet de faire et ce qu'*ils* omettent de faire ? Il n'est pas étonnant qu'on lui permette de s'intégrer à la vie académique, que les uns le traitent un peu comme un *outsider*, les autres comme un *diabolus admissum*. Ce qui compte, c'est que tout le monde soit convaincu que sa radicalité est parfaitement inoffensive. Et, c'est sûr, tous les partis jureraient qu'il ne les décevrait jamais.

17 avril

Suis tombé par hasard sur un petit livre de vulgarisation de Pascal très populaire. *Pour le peuple*, de cette véritable éminence grise qu'est R. – à côté de cet ouvrage « d'éducation populaire », certainement réalisé avec la meilleure des volontés, les savants traités des *Pensées* que Pascal destinait avec ostentation à une certaine élite intellectuelle, voire à une certaine couche sociale encore plus réduite, paraissent totalement vraisemblables. Mais c'est précisément cette question du destinataire qui reste obscur dans ce petit volume sur Pascal. Impossible de définir le « peuple » pour lequel R. l'a écrit, si ce n'est de manière purement négative comme l'ensemble des non-spécialistes. Mais ceux-ci ne forment évidemment pas un groupe uni par des intérêts communs, des notions préalables communes, une ignorance commune.

Ce qui saute d'abord aux yeux dans ce texte, c'est le passage du ton solennel au ton de la plaisanterie, puis de nouveau au ton solennel – ce qui prouve une extrême incertitude et une extrême mauvaise conscience. Mais s'il a manifestement mauvaise conscience, c'est devant deux instances : d'abord devant lui-même (ou devant le tribunal de la science), précisément parce qu'il vulgarise ; et ensuite devant le « peuple » parce qu'il lui propose quelque chose d'aussi aberrant. Mais ce qui est encore plus irritant – et R. n'en a probablement pas moins souffert que moi aujourd'hui – c'est qu'il était incapable de décider quel degré d'ignorance il devait en fait supposer de la part de ses lecteurs. Parfois, il écrit comme s'il ne devait rien présupposer d'autre que la capacité de lire, ce qui est probablement proche de la vérité. Mais c'est justement pour cela que sa thématique – le saut depuis le néant pour plonger précisément au cœur des *Pensées* de Pascal – semble indiciblement arbitraire et immotivée. On se prend la tête à deux mains, on se demande : « Pourquoi justement Pascal ? Pourquoi pas plutôt Lucrèce ? Ou Diderot ? » – Le choix d'un thème particulier n'a de sens que si l'on peut supposer qu'un arrière-plan familier l'entoure. Ce qui n'est pas le cas ici.

Et malgré son thème bien délimité, ou précisément à cause de lui, le livre appartient au genre de la « philosophie académique » – sauf que, comme on le dit dans les arrangements pour violonistes débutants, il est travaillé pour la « première position ». Cela signifie qu'il est adapté au minimum approximatif de compétence que R. devait présupposer simplement pour pouvoir présenter son sujet.

Naturellement, son thème est pour lui d'une importance absolue et indubitable. Mais cela donne à sa voix un ton insupportable : celui de l'homme bienveillant, du généreux bienfaiteur. Car qu'il apporte des réponses ou des problèmes au parfait inconnu, il le fait toujours sans qu'on le lui demande, et « sans qu'on le lui demande » en un double sens. Cette expression signifie à la fois qu'il n'y a pas de demande pour la marchandise (Pascal) et que les réponses philosophiques communiquées n'ont pas été précédées d'une question, et les questions communiquées d'une situation de questionnement.

(Pour mon propre examen : Pascal est-il donc moins important pour moi que pour R. ? Certainement pas. – Ce sont les conséquences qu'il tire de la grandeur de Pascal qui me semblent discutables.)

Il livre « sans qu'on le lui demande ». On désigne ainsi non seulement ce que l'entreprise a de moralement, mais aussi de philosophiquement douteux. Car c'est proprement antiphilosophique de livrer à d'autres des questions comme si elles étaient des biens culturels isolés. En effet, R. traite en quelque sorte les problèmes de Pascal en les transformant en choses : en les traitant comme des choses que l'on devrait connaître en vue d'un « enrichissement intérieur », comme des matériaux en vue de la formation.

Bien qu'historien, il adhère ainsi à une philosophie de l'histoire d'une insupportable naïveté. Car il part du principe que les *Pensées* restent ce qu'elles sont, quel que soit le sujet historique auquel on les présente. Il est donc logique – car s'il néglige l'historicité de son destinataire populaire, il doit tout autant négliger celle de son objet – qu'il utilise l'expression « valeurs spirituelles éternelles », qui apparaît toujours là où l'on néglige ou doit négliger l'arrière-plan historique d'un phénomène. C'est là le concept le plus pathétique d'« éternité » auquel on puisse penser, car il ne doit pas son existence au dépassement de l'histoire, mais à son effacement. Et le fait que la naissance d'une telle « éternité » se fasse à l'aide d'un vocabulaire solennellement platonisant fait partie intégrante du tableau. –

On a souvent appelé certaines vulgarisations philosophiques des « introductions ». Et il est certain qu'une telle introduction est toujours préférable à la simple livraison de produits philosophiques prêts à l'emploi. Toujours est-il que ce terme d'« introduction » signifie très socratiquement que seul l'« initié » lui-même peut véritablement prendre possession de la philosophie à laquelle on a voulu l'introduire. – Mais cette métaphore ne cache-t-elle pas un présupposé douteux ? À savoir qu'il « existerait » un domaine établi de la philosophie et que philosopher consisterait à transporter l'être humain dans ce domaine ? Mais comment faire si la philosophie n'est pas du tout un « domaine » ? Mais plutôt un statut de l'être humain ? Et plus précisément un statut qui consiste en l'élargissement fondamental de sa capacité à se méfier et à questionner ? Ne faudrait-il pas alors reprendre les questions que l'être humain se pose en effet, ne faudrait-il pas prendre nos ciseaux pour élargir les « fissures » qui existent déjà de toute façon en l'être humain et les couper le plus loin possible, jusqu'à ce que les questions prennent l'ampleur de questions véritablement philosophiques ? Si cette opération fait naître des questions que « la » philosophie avait déjà posées auparavant et qui appartiennent au fonds classique de « la » philosophie, c'est tant mieux. C'est de manière légitime que l'on est arrivé à ces questions. Et c'est dans sa propre chair que celui qui pose les questions les a expérimentées.

Mais même si c'est *cela* que l'on fait – et c'est en grande partie la méthode que j'utilise dans mes cours[5] – cela ne présuppose-t-il pas encore une philosophie qui n'est prouvée par rien et une « éthique » qui n'est basée sur rien ? Cela ne présuppose-t-il pas que l'on possède une image de l'être humain qui serait souhaitable ? Et que l'on préfère des humains qui vivent avec des plaies béantes, voire avec des plaies artificiellement élargies et causées par un questionnement sans limites, plutôt qu'avec des fissures qu'ils ont partiellement réussi à suturer ? N'est-ce pas un « philosophico-centrisme » démesuré lorsque les philosophes présupposent ou décrètent que l'être humain qui philosophe est l'être humain souhaitable, voire l'être

---

■ 5. À l'époque où Anders écrit ce texte (en 1949), il donne des cours de philosophie de la culture et de philosophie de l'art à la New School for Social Research de New York. Il a déjà vécu de cours particuliers de philosophie aux États-Unis (en 1938 puis en 1941 en Californie). Ce poste à la New School est un peu plus institutionnel, mais demeure précaire puisqu'Anders n'obtient que le statut de lecteur (N.D.T.).

humain idéal ? Finalement, même celui qui est fixé sur le fait de philosopher ne doit pas sérieusement douter que le non-philosophe est plus heureux que le philosophe. Et lorsque nous parlions de la « blessure à élargir », ce n'était pas seulement de manière métaphorique. Il faudrait donc se demander non seulement « *comment* rendre la philosophie accessible à tous ? », mais aussi « *faut*-il vraiment le faire ? » – Mais à peine suis-je en train d'écrire cette dernière question que je vois apparaître devant moi les figures détestées de ceux qui pensent que le savoir doit être réservé à une élite. Elles s'amusent franchement en entendant cette question sortir de ma bouche, précisément de la mienne. Et imaginer une alliance possible avec elles fait naître en moi la plus profonde méfiance.

23 avril

Un pendant de la vulgarisation est la tentative de ramener à échelle humaine des vérités qui se situent une « hauteur » socialement trop élevée. – Hier soir, nous étions chez les G. – Il y avait aussi Tr., qui parlait beaucoup et bien, mais qui énonçait haut et fort des vérités qui, entourées du *small talk* de la compagnie, étaient complètement déplacées. – Les invités lui tombaient dessus, le regardaient bouche-bée et le qualifiaient de « remarquable » avec un air si ridicule et envahissant qu'il finit par perdre patience. « Mais qu'est-ce vous avez, tous ? » s'exclama-t-il en regardant chaque visage un à un. « Qu'y a-t-il de si méritoire ici ? Pourquoi est-ce que vous supposez toujours que la visibilité du vrai doit être beaucoup plus faible que celle du faux ? » – Pas de réponse. Seulement de l'admiration. – « Vraiment, croyez-moi », poursuivit-il : « garder le vrai à l'esprit n'est pas du tout plus fatigant que de voir et d'aborder le faux. C'est même moins fatigant. Car le faux échappe à notre regard. »

Nous fîmes ensemble le chemin du retour vers chez nous.

« C'est vraiment impossible de se faire comprendre », se plaignit Tr. « Ou bien l'on considère que celui qui énonce une vérité est impoli. Ou bien, dans le meilleur des cas – comme on l'a vu aujourd'hui, ce qui était déjà assez pénible – on le considère comme remarquable. Et lorsqu'il tente de rectifier cette erreur, on le qualifie encore de "brillant" ! »

« C'est ta faute », lui fis-je. « Ce serait si dur pour toi de te contenir et d'apprendre quelques imprécisions ? »

Il me regarda en coin. « Tu le penses vraiment ou tu le dis pour avoir l'air brillant ? »

« Vraiment », lui répondis-je. « Tu n'as aucun droit de te plaindre. Pourquoi te montres-tu en société, au juste ? Un idiot de la vérité, voilà ce que tu es ! En définitive, tu es tout de même assez intelligent pour savoir que les vérités ne sont pas invitées aux soirées. Si on te qualifie de brillant, c'est une politesse à laquelle ta folie ne peut absolument pas prétendre ». Et je le laissai là.

Traduction de l'allemand par Perrine Wilhelm

SITUATIONS

LA SALETÉ
Interview de Günther Anders
par la FAZ[1], 1986

Remarque préliminaire

Fin juin, j'ai adressé, en guise de mot de bienvenu, mes « Dix thèses sur Tchernobyl »[2] au « Sixième Congrès international des médecins pour l'empêchement d'une guerre nucléaire » qui se tenait à Cologne. Dans l'« accroche » de ce texte, j'avais rappelé que mon premier recueil de thèses pour l'âge atomique[3], rédigé avec une inconvenante précocité, avait été publié il y a vingt-neuf ans par la FAZ (le 13 juillet 1957) mais qu'aujourd'hui, ce journal ne se « salirait plus les mains » avec ce genre de choses.

Tableau. J'avais à peine formulé cette supposition et envoyé l'adresse de bienvenue à Cologne – la FAZ ne pouvait pas encore la connaître –, que cette dernière m'a fait le rare plaisir de me prouver que j'avais fait une fausse prédiction. En effet, une personnalité de Francfort m'a informé que la FAZ lui avait demandé de m'interviewer sur la situation nucléaire que les récents évènements[4] avait fondamentalement modifiée – ce qui me prouva que ce journal ne reculait pas devant la « saleté » que je représentais. Bien sûr, j'ai tout de suite accepté. L'interviewer mandaté par le journal est vite venu me voir à Vienne avec des questions raisonnables et formulées avec précision. Je lui ai dit les choses comme elles me venaient, ou plutôt comme les dernières catastrophes les aiguisaient. Manifestement, lorsqu'elle l'a reçue, la FAZ était elle aussi d'accord avec l'interview. Son accord était tel qu'elle m'a même demandé quelques semaines plus tard d'ajouter quelques précisions à ce texte qui lui semblait un peu trop court – ce que je fis par téléphone. Après quoi j'ai complètement oublié toute cette affaire.

Jusqu'à ce que j'apprenne, le 21 août (donc l'interview complète traînait depuis des semaines sur le bureau de la rédaction) – second tableau – que j'avais tout de même vu juste lors de ma première prévision : la FAZ a effectivement reculé devant l'idée de se salir les mains en publiant mon texte. Plus précisément, l'éditeur du journal aurait annulé la mise à l'impression de l'interview parce qu'on ne peut pas imprimer une incitation à la violence – c'est bien ainsi qu'on considère aujourd'hui le fait d'empêcher ou de lutter

■ 1. L'interviewer mandaté par le *Frankfurter Allgemeine Zeitung* préfère rester anonyme (Note d'Elke Schubert).
■ 2. Ces thèses sous forme d'« adresse » ont été publiées dans le *Tageszeitung* du 3 juin 1986. Elles ont été traduites en français par Christophe David et publiées dans la revue *Écologie et politique* (n°2, 2006) puis dans MN, 315 *sq*. (N.D.T.).
■ 3. *Cf.* « Thèses pour l'âge atomique (1959) », MN, 145 *sq*. (N.D.T.).
■ 4. Il s'agit de la catastrophe nucléaire de Tchernobyl qui a eu lieu le 26 avril 1986 (N.D.T.).

contre la violence – dont les conséquences juridiques seraient imprévisibles, c'est-à-dire en réalité bien trop prévisibles.

La raison de cette annulation est bien connue : elle est identique à celle qui, sous le Troisième Reich, faisait que les arguments oppositionnels restaient (dans le meilleur des cas) non imprimés et non imprimables. Or, depuis 1917, je me suis toujours attiré des ennuis en combattant la violence (sauf bien sûr la contre-violence contre les criminels comme Hitler). Le fait que ce soit précisément moi, qui ai tout de même essayé de soutenir Eatherly et tous les Eatherly, qui ai essayé d'arrêter le génocide au Vietnam, qui ai été distingué à la *Paulskirche*[5] comme champion contre la mise en danger de l'humanité par elle-même (comme l'a confirmé la FAZ en s'en vantant) – le fait que ce soit précisément *moi*, qui aie été désinvité (bien que d'abord invité) par la FAZ qui n'est pas, à ma connaissance, un journal au programme pacifiste, parce que je serais un avocat de la violence, ce fait est tout simplement d'un comique accablant. Et pas seulement à mes yeux, c'est certain[6].

Interviewer : Vous n'avez jamais cessé d'écrire contre l'ignorance émotionnelle de vos contemporains et d'appeler au « courage d'avoir peur ». À quoi peut bien servir cette peur aujourd'hui ?

G. Anders : Peut-être qu'elle a déjà servi. Pour des milliers de gens, cette peur s'est déjà transformée en courage de résister. Elle ne paralyse pas comme peuvent l'affirmer les avocats de l'ordre public. Ceux qui sont paralysés sont au contraire ceux qui ne sont pas encore capables de se permettre d'avoir peur et qui, dans leur stupide absence de peur, se font servir les images télévisées de Brokdorf ou de Wackersdorf[7], un verre de vin à la main. *Ceux qui sont privés de peur* ne sont pas, comme on les en a persuadés, des personnes braves ou même courageuses. *Ils sont seulement indolents.*

Interviewer : Qu'est selon vous la plus grande transformation qu'a entraînée une telle catastrophe – à supposer que, malgré tout, notre histoire continue à se dérouler ?

G. Anders : Certainement le fait qu'il n'y aura plus de frontière ni de souveraineté au sens propre de ces termes. Lorsqu'en 1958 j'ai tenté d'expliquer aux participants du congrès antiatomique de Tokyo que les concepts de « frontière » et de « souveraineté » [étaient obsolètes] – puisque la radioactivité se moque bien de savoir si elle recouvre tel ou tel territoire national –, c'est-à-dire lorsque j'ai parlé de la *limitation du concept de limite* [*Begrenztheit des Grenzbegriffes*], tous ces participants se sont sentis atteints dans leur fierté nationale[8]. Ces hommes étaient l'avant-garde de l'idiotie d'aujourd'hui. De nos jours, 28 ans plus tard, un homme

■ 5. En 1983, Anders a reçu le prix Adorno à la *Paulskirche* de Francfort (N.D.T.).

■ 6. Cet interview a pu être finalement publiée pour la première fois dans la *Rundbrief der Ärzte gegen Atomkrieg* [Circulaire des médecins contre la guerre nucléaire], Neckarsulm, le 19 octobre 1986, puis dans la *Tageszeitung*, Berlin, le 12 juillet 1987, et enfin dans E. Schubert (hrsg.), *Günther Anders Antwortet*, Berlin, Tiamat, 1987, p. 135-142 (N.D.T.).

■ 7. Le projet d'usine de retraitement de déchets nucléaires de Wackersdorf (Schleswig-Holstein) ainsi que la centrale nucléaire de Brokdorf (Bavière) ont été des hauts lieux de la lutte anti-nucléaire dans les années 1970-1980 en Allemagne. Si le projet de Wackersdorf a été finalement abandonné en 1989, la centrale de Brokdorf a été mise en circulation en octobre 1986 (N.D.T.).

■ 8. *Cf.* HEP, 1, p. 28-129 (N.D.T.).

d'État de premier plan d'Europe centrale a assuré ne jamais vouloir s'immiscer dans les décisions relatives aux installations de retraitement des déchets nucléaires qui seraient prises en dehors des frontières de son pays par un voisin souverain. Cet homme d'État actuel n'a toujours pas compris que les essais nucléaires qui ont eu lieu dans une région située à l'extérieur des frontières occidentales de son pays ne se sont pas soucié des frontières et l'ont tout de même affecté. Ni que la catastrophe du réacteur situé à l'extérieur des frontières orientales de *son* pays y a également causé des dégâts, à nouveau sans se soucier le moins du monde des frontières. Voilà malheureusement l'état d'esprit de nos hommes d'État à l'âge atomique.

Interviewer : On a vu très souvent ces derniers temps des affiches et des banderoles avec pour slogan « Tchernobyl est partout ». Il s'agit d'une variation à partir du titre de votre livre Hiroshima est partout. *Vous sentez-vous compris par les manifestants, en particulier par les Verts ?*

G. Anders : Mon titre *Hiroshima est partout*, que j'ai énoncé pour la première fois directement à Hiroshima, date de 1958. On l'a transformé sans que le sache, mais de manière parfaitement légitime. Quant à savoir si les manifestants m'ont compris : oui et non. Il est très probable que la plupart ne m'ont même pas lu. Mais des milliers de personnes connaissent tout de même mes thèses sur l'âge atomique de 1959[9] car elles ont été utilisées, par exemple par l'Église protestante, comme tracts lors de grandes manifestations. Mais tous comprennent maintenant de toute manière que « c'est aujourd'hui que tout se joue [*es geht heute um die Wurscht*] », pour parler comme un berlinois. – En 1958, « Hiroshima est partout » signifiait que n'importe quel endroit pouvait être dévasté comme Hiroshima. Aujourd'hui, cela signifie que tout Hiroshima, où qu'il se produise, peut devenir omniprésent, comme Tchernobyl qui, à l'heure où je parle, est présent ici et dans chaque bouteille de lait consommée par un nourrisson. *Aujourd'hui, on consomme même l'anéantissement.*

Interviewer : Le plus grand poète de la littérature russe contemporaine, Andreï Voznessenski, a publié dans la Pravda *deux poèmes dans lesquels, en invoquant Dieu, il demande pardon à l'humanité et à l'histoire pour l'accident nucléaire[10]. Pour reprendre la célèbre phrase d'Adorno[11], la poésie est-elle encore possible après Tchernobyl ?*

G. Anders : J'ai déjà exprimé mon accord avec la maxime d'Adorno lors d'une précédente interview[12]. Je trouve en effet que la situation dans laquelle nous nous trouvons depuis Auschwitz et Hiroshima est si grave que même l'œuvre d'art la plus sérieuse, puisqu'elle est censée être belle en même temps que solennelle, a en elle-même quelque chose d'absurde et de cynique. *Toute symphonie sur Auschwitz est une opérette.* C'est pour cette raison que j'ai publiquement qualifié d'« obscènes » les concerts que Bernstein a dirigés en commémoration d'Hiroshima – ce qui vaut

■ 9. MN, p. 145 *sq.* (N.D.T.).

■ 10. Ces deux poèmes intitulés « Humanité » et « Hôpital » sont réunis sous le titre « Pensées sur Tchernobyl ». On peut en trouver une traduction anglaise en ligne à l'adresse suivante : https://ds-pages.swarthmore.edu/reactor-room/projects/chernobyl-kaleidoscope/ (N.D.T.)..

■ 11. « La critique de la culture se voit confrontée au dernier degré de la dialectique entre culture et barbarie : écrire un poème après Auschwitz est barbare, et ce fait affecte même la connaissance qui explique pourquoi il est devenu impossible d'écrire aujourd'hui des poèmes. » T. W. Adorno, « Critique de la culture et société », *Prismes*, Paris, Payot et Rivages, « Petite bibliothèque Payot », 2018, p. 30-31 (N.D.T.).

■ 12. G. Anders « Brecht ne pouvait pas me sentir », dans la revue *Austriaca* 35, décembre 1992, p. 21.

LA SALETÉ

autant pour le concert qui a eu lieu à Hiroshima même que pour celui que Berstein a donné ici, à Vienne, et qui a été organisé comme un évènement mondain. Il n'a absolument pas compris en quoi consistait cette obscénité, comme l'a prouvé son entretien avec Helmut Schmidt[13].

Mais le cas du poète russe est peut-être différent. La poésie était probablement pour lui le seul moyen d'exprimer la gravité de la situation et de faire l'aveu de sa culpabilité à mots couverts. Les idiomes scientifiques, bureaucratiques et politiques de tous les pays, et pas seulement des pays soviétiques, restent absolument incapables ne serait-ce que d'évoquer l'énormité de ce qui s'est passé et de leur propre faute. Le fait que dans ces poèmes, après 130 ans de marxisme, le mot « Dieu » puisse réapparaître face à la prétention de l'homme à jouer à Dieu, ce fait est réellement sensationnel dans l'histoire du monde. Même moi qui suis parfaitement athée, ce fait m'a frappé. Ou peut-être que l'expérience de Dieu est l'enfant de l'effroi. « *Je suis terrifié, donc Il est.* »

Interviewer : Carl Friedrich von Weizsäcker a longtemps été un partisan de l'énergie nucléaire. Depuis peu, il s'est prononcé contre la poursuite de son utilisation et en faveur de l'énergie solaire. Vous attendez-vous à ce que son exemple fasse école auprès des hommes politiques ?

G. Anders : Les hommes politiques, en particulier les conservateurs, se sont rarement laissé influencer par des philosophes ou des savants. Lorsqu'ils utilisent des scientifiques ou des philosophes, c'est toujours en tant que *coursiers*, en leur reconnaissant un savoir omniscient en cas de besoin. Si les scientifiques ne parviennent pas à obéir à cent pour cent, comme Oppenheimer par exemple (à la différence de Teller), ils se font écraser[14]. Quant à l'influence de M. von Weizsäcker, je pense qu'il n'est pas impossible que son changement de position l'ait quelque peu affaiblie.

Interviewer : L'une des thèses principales du premier tome de L'Obsolescence de l'homme *consistait à affirmer que nous ne sommes plus capables de nous représenter les conséquences de ce que nous produisons parce que ces dernières sont « supralimiaires » au sens où elles nous dépassent complètement. C'est pourquoi, selon vous, nous sommes également aveugles au danger que représente une catastrophe nucléaire. Est-ce que votre diagnostic d'un aveuglement face à l'apocalypse tient encore après le choc de Tchernobyl ?*

G. Anders : Oui et non. Le ciel est désormais tombé sur les têtes de millions de gens. Mais pas encore sur celles du plus grand nombre, en particulier des politiciens. Si les politiciens qui occupent des postes de pouvoir nous appellent

---

■ 13. Leonard Bernstein a dirigé l'Orchestre des jeunes de l'Union européenne lors d'un « voyage pour la paix » dont le « point d'orgue » était selon lui le concert donné à Hiroshima le 6 août 1985, en commémoration des victimes de la catastrophe nucléaire, cf. « Aber diese bessere Welt finden Sie nur im Mythos », entretien de Leonard Bernstein avec Helmut Schmidt, dans *die Zeit* n°47/1985, 15 novembre 1985. Dans cette interview, Bernstein affirme qu'il était à Hiroshima « en tant que fier citoyen américain » et que lui et ses musiciens « étaient venus pour la musique, et non pas pour présenter des excuses » (N.D.T.).

■ 14. Robert Oppenheimer et Edward Teller ont tous les deux été les « pères » scientifiques du Projet Manhattan. Oppenheimer s'est vu retirer son habilitation de sécurité en 1954, à l'époque du maccarthysme, pour avoir défendu des idées pacifistes et refusé de participer à la mise au point de la bombe thermonucléaire. C'est Teller, définitivement au service du pouvoir, qui a mis au point ce projet et témoigné contre Oppenheimer lors de son audition (N.D.T.).

« fauteurs de troubles [*Chaoten*] » – ce qui m'est arrivé – cela signifie qu'ils sont *manifestement encore incapables de reconnaître la supraliminarité.* C'est vrai que j'ai 84 ans, et que les aveugles sont beaucoup plus jeunes que moi, mais ils me paraissent extraordinairement vieux. *Un « fauteur de troubles » est quelqu'un qui veut bouleverser l'ordre du monde. C'est ce que font ceux qui, pour le dire gentiment, s'accommodent tout du moins de la dévastation du monde, c'est-à-dire de sa transformation en chaos.* Et parmi ceux-là se trouvent également des ministres-présidents. – *Nous, en revanche*, puisque nous voulons conserver l'état du monde, *sommes les véritables conservateurs.*

Interviewer : *Cela fait plus de trente ans que, dans vos ouvrages, vous avertissez l'humanité contre le danger d'une guerre nucléaire. Est-ce qu'il manque dans vos écrits un chapitre sur les risques de l'énergie nucléaire civile, et pourquoi manque-t-il ?*

G. Anders : Ce manque s'explique par le fait que, lorsque j'ai commencé à aborder le « thème nucléaire », le problème des centrales n'existait pas encore, ou du moins n'était pas encore brûlant. L'évènement qui a déclenché mon travail théorique et mes activités politiques a été l'utilisation de cette arme particulière qui, à la fin de la Seconde Guerre mondiale, le 6 août 1945, a prouvé par l'anéantissement d'une ville entière qu'elle *était à la fois plus et quelque chose d'autre qu'une simple arme, c'est-à-dire un appareil de destruction massive.* – Le deuxième évènement décisif à cause duquel je me suis exclusivement concentré sur la bombe atomique a été mon voyage à Hiroshima de 1958. C'est là que, en visitant l'hôpital des victimes de la bombe, j'ai vraiment fait l'expérience de voir que les victimes étaient *incapables même après-coup* de se rappeler, et encore moins *de comprendre ce qui leur était arrivé.* La troisième expérience clé a été pour moi Claude Eatherly qui, même si ce n'était qu'indirectement, a participé au bombardement d'Hiroshima et qui *a compris qu'on pouvait être coupable, bien qu'innocent ;* et qui, contrairement à Eichmann – et aussi à certains de nos politiciens actuels – ne s'est pas contenté d'invoquer son travail pour se justifier et se donner le sentiment d'avoir accompli son devoir, comme si chaque travail impliquait automatiquement sa justification morale et celle du travailleur. – Mais désormais, je ne me limite plus seulement à mettre en garde contre la bombe. Bien au contraire, *je considère que l'expression d'Eisenhower* « atoms for peace » *est tout simplement naïve, voire mensongère.* Certes, en construisant une centrale nucléaire, l'objectif n'est pas l'anéantissement de millions de personnes ; mais on est prêt à accepter cet anéantissement comme un « risque subsistant ». Et les millions de personnes menacées doivent empêcher physiquement celles qui prennent un tel risque de réaliser la possibilité de cet anéantissement.

Interviewer : *Voulez-vous dire par la violence ?*

G. Anders : Ce que j'ai dit en mai dans mon adresse au « Sixième Congrès international des médecins pour l'empêchement d'une guerre nucléaire » est également valable ici : « Celui qui croit qu'en offrant des petites fleurs, en multipliant les jours de jeûne, en mettant ses petites mains dans d'autres petites mains pour constituer une chaîne humaine, on va pouvoir faire changer d'avis ces hauts-fonctionnaires terroristes qui, depuis 1945, depuis le naïf Truman, n'ont plus été accessibles à des arguments raisonnables, celui-là est naïf, car il ignore – peu importe que ce soit consciemment ou inconsciemment – les intérêts de l'industrie militaire. Il y a en outre beaucoup de personnes de bonne volonté parmi nous qui sont exclusivement intéressée – dans un geste très égocentrique – par le fait de continuer à avoir bonne conscience. Non, nos devoirs sont plus sérieux. Car nous devons vraiment gêner ces personnes bornées et tout-puissantes qui peuvent décider de l'être ou du non-être de l'humanité, nous devons vraiment leur lier les mains. Dans l'intérêt des humains d'aujourd'hui et de ceux de demain, on ne doit plus donner d'ordre comme celui à cause duquel on a anéanti Hiroshima et Nagasaki, il y a maintenant quarante ans. Il ne faut plus qu'il y ait de tels ordres ni de tels donneurs d'ordres. Celui qui conteste la nécessité de leur faire obstacle se rend complice de ces donneurs d'ordres. Et celui qui combat par principe l'obstruction telle qu'on l'a pratiquée, par exemple, à Wackersdorf, s'en rend naturellement encore plus complice » [15].

Interviewer : Peut-il vraiment y avoir une utilisation pacifique de l'énergie nucléaire ?
G. Anders : Probablement pas. Et aujourd'hui, après Tchernobyl – puisque plus personne ne peut jouer les ignorants désormais – *les partisans de l'énergie nucléaire*, et en particulier des installations de retraitement des déchets nucléaires, *sont en toute conscience devenus des criminels potentiels.* Car il est parfaitement égal que nous courrions à notre perte à cause de missiles nucléaires ou à cause d'une énergie nucléaire prétendument pacifique – ils sont aussi mortels l'un que l'autre.

Interviewer : Dans votre engagement contre le projet d'usine de retraitement des déchets nucléaires de Wackersforf, vous avez trouvé un grand nombre d'alliés en Autriche, y compris, depuis peu, le président Kurt Waldheim [16] que vous avez publiquement décidé de ne pas reconnaître (et de ne pas respecter). Est-ce que cela vous dérange ?
G. Anders : Oui, en un certain sens, cela me dérange bel et bien. – Mais comme il n'exprime jamais le fond de sa pensée, mais s'exprime toujours de manière tactique, comme il ne parle jamais sans ambiguïté, mais qu'il a toujours à l'esprit un programme particulièrement douteux, comme il n'a jamais l'intention que ses affirmations du lundi soient encore valables le mardi, comme c'est un homme politique qui juge parfois opportun d'assaisonner ses trivialités avec un soupçon de philosophie ; comme moi, en revanche, je suis un philosophe qui trouverait indécent de *ne pas* se mêler parfois de politique, il n'y a pas entre nous beaucoup de points communs, et le risque qu'on nous confonde est microscopique.

■ 15. MN, 323-323. [trad. modifiée]
■ 16. Kurt Waldheim, président fédéral d'Autriche de 1986 à 1992 et précédemment secrétaire général des Nations Unies, a été l'objet de la célèbre « affaire Waldheim » de 1985 à 1986 qui a révélé son passé nazi, plus précisément son rôle d'officier de renseignement qui a été décisif dans les opérations de déportation de la Wehrmacht en Grèce et dans les Balkans entre 1942 et 1945. Anders l'a férocement dénoncé dans l'interview imaginaire « Das fürchterliche Nur », publié dans *Falter*, n°14, Vienne, 15 juillet 1986 (N.D.T.).

*Interviewer : Quand vous parlez d'un « un programme particulièrement douteux »,
est-ce que vous pensez à son passé largement débattu ?*
G. Anders : Pas seulement. Récemment, il a aussi laissé passer les pires discours
haineux dignes du *Stürmer*[17] lors de la discussion sur son passé de bureaucrate de
l'antisémitisme et les a ainsi encouragés ; mais deux jours plus tard, il a ensuite
déclaré qu'il prenait bien entendu la défense de la partie juive de la population.
Et il s'épouvante soudain à la radio – c'est en cela que réside sa duplicité – des
atrocités du régime nazi qu'il a pourtant servi – ce qu'il ne peut nier – pour « faire
son devoir » et garder son « honneur qui s'appelle fidélité »[18].

*Interviewer : Dans tous vos ouvrages après 1945, vous n'avez eu de cesse de
dénoncer la destruction de l'humanité par ses propres moyens, et l'histoire vous
a malheureusement toujours donné raison. Avez-vous encore de l'espoir pour ce
monde ?*
G. Anders : Je n'ai pas le temps de me demander si j'ai encore de l'espoir ou non.
En comparaison des tâches qui nous attendent, il serait tout simplement étrange
de s'intéresser encore à sa propre humeur.

Traduit de l'allemand par Perrine Wilhelm

---

17. Journal violemment antisémite de propagande nazie publié de 1923 à 1945 par Julius Streicher (N.D.T.).
18. « Mon honneur s'appelle fidélité » est la devise de la SS (N.d. T.).

ABSTRACTS

Günther Anders

The Emigrant and his Shadow. A Report of Nietzschean Flashes of Lightning in the Sky of Andersian *Kulturphilosophie*
Christophe David

Anders has always been interested in Nietzsche. When he became a philosopher and undertook a *Kulturphilosophie*, it was through the question of values that he came across Nietzsche. If the latter fascinated him so much, it was because he dared to denounce the absence of a foundation for morals. But Anders, even fascinated, is not one to suspend the fundamentally critical tendency of his thought: the ideal of superhuman that Nietzsche proposed in order to overcome mankind's tinkering with morals seems to end up in a politically unacceptable territory. As he identifies the world's decline with its entry into a technical state, Anders strikes a Nietzschean tone in his own critique of culture: humanity as a whole has to become a superhumanity able to revolutionize the world in order to preserve it.

Re-defining the « Things Themselves » : Günther Anders, the « Confrontation » with Heidegger, and the Task of « Concrete Philosophy »
Jason Dawsey

The aim of devising a « concrete philosophy » informed Günther Anders's philosophical endeavors for decades. Yet this crucial aspect of his thought still deserves much more historical contextualization and critical scrutiny. In this essay, I examine Anders's writings, published and unpublished (in his lifetime), against Martin Heidegger from the late 1940s. Here Anders was at his most explicit and detailed in delineating a philosophy of « concreteness ». This piece, it is my hope, will advance our understanding of Anders's philosophical thought and discern better the formation of the system of ideas buttressing Anders's magnum opus, Die Antiquiertheit des Menschen.

The Lost Innocence of Productive Forces : Walter Benjamin, Günther Anders, and the Origins of the « Promethean Gap »
Felipe Catalani

In this paper, the assumption that views on technology changed in German thinking after World War I is examined, especially with regard to the relation between technology and history. On the political left, the change went through Benjamin's criticism of any progressive view on technology – a kind of criticism which foreshadowed what Günther Anders would later call the « Promethean Gap » ; whereas German conservative thinking launched an anti-progressive praise of technological progress (e.g. as in Ernst

Jünger and Oswald Spengler). The central character of war and of military technology to the critical theory of technology will also thereby become evident.

« When the Ghost becomes Real, Reality does become Ghostly » : Günther Anders on Phenomenology and Media Criticism

Reinhard Ellensohn et Kerstin Putz

The purpose of this paper is to shed light on the media criticism developed by Günther Anders in the two volumes of *The Outdatedness of Human Beings*. Anders there appears as the first thinker to underline the becoming-spectacular of our society : the modern media of radio and television led to an ontological transformation of the world, reduced to a ghostly state betwen appearance and reality, as well as to a psychological upheaval of the subject then placed in schizophrenic states. Our claim is that Anders's media criticism is based on, and explained by, a phenomenology of the « mediumness » of sensory acts, between activity and passivity, a mediumness which is being subverted by the ontological and epistemological ambivalence of mass media.

« History is but the History of its own Misunderstanding and Falsification ». Notes on Günther Anders's Philosophy of History

Perrine Wilhelm

In this paper, it is argued that the philosophy of history developed by Anders is plural and complex, i.e. non-linear, not only since his first writings in philosophical anthropology but also in his literary and theoretical works from the 1930s-1940s, especially in his still unpublished *Kulturphilosophie*. We are to read in a new light Anders's famous claim about the outdatedness of history : the latter is a sign of the growing uniformity, hence impoverishment, of the varied historical lines, at a time when technology and conformity shut down all kinds of political, ideological, and artistic possibilities.

FICHE DOCUMENTAIRE

3ᵉ TRIMESTRE 2022, N° 170, 134 PAGES

Le dossier de ce numéro 170 des *Cahiers philosophiques* est consacré à Günther Anders. La rubrique « Introuvables » propose la traduction d'un essai intitulé « Sur le mode d'expression philosophique et le problème de la vulgarisation » publié en 1949 dans le *Journal philosophique* d'Anders. Dans la rubrique « Situations », on pourra lire la traduction d'un entretien accordé par Anders à la *Frankfurte Allgemeine Zeitung* en 1986 à propos de la catastrophe nucléaire de Tchernobyl.

Mots clés

aliénation ; apocalypse ; biens culturels ; bombe nucléaire ; critique de la technique ; concret ; concrétude ; consommation ; corporéité ; culture ; esotérisme ; exotérisme ; fascisme ; Günther Anders ; histoire ; historicité ; industrie ; industrialisation ; machine ; marchandise ; marchandisation ; Martin Heidegger ; mécanisation ; médias ; modernité ; nucléaire ; obsolescence ; philosophie ; philosophie de l'histoire ; technique ; technologie ; Theodor Adorno ; Walter Benjamin.

Vrin - Bibliothèque d'Histoire de la philosophie

350 p. – 11,3 × 17,8 cm – 2023
ISBN 978-2-7116-3023-2, 15 €

Le souci du monde

Dialogue entre Hannah Arendt et quelques uns de ses contemporains

Sylvie Courtine-Denamy

Nous avons choisi de faire dialoguer Hannah Arendt et quelques-uns de ses contemporains : Théodor Wiesengrund Adorno, Günther Stern-Anders, Martin Buber, Paul Celan, Martin Heidegger, Max Horkheimer, Karl Jaspers, Hans Jonas, Victor Klemperer, Emmanuel Lévinas, Primo Levi, George Steiner, Leo Strauss, Eric Voegelin. Unanimes dans leur diagnostic d'une crise de l'occident, ces penseurs récusent la croyance dans le progrès et les Lumières : lorsque la Raison s'est muée en faculté destructrice du monde, lorsque la politique semble avoir perdu de vue sa finalité, prendre soin du monde, comment résister aux forces du nihilisme ? Tous illustrent la difficulté d'être présent à un monde hors de ses gonds sur lequel planait la menace d'une troisième guerre mondiale, guerre atomique, guerre « totale ». Ils posent une même question : comment répondre d'un monde habitable, amical, en avoir *souci* ? Comment être *du* monde et pas seulement *au* monde ?

Éthique, politique, philosophie des techniques

Thierry Ménissier (dir.)

Que peut-on attendre de la philosophie face aux réalités technologiques ? Si elle n'a jamais été insensible à l'agir technique, plus que jamais la pensée philosophique se trouve requise du fait de la puissance de transformation du monde manifestée aujourd'hui par la technologie. Ce volume se donne pour premier objectif minimal de reconstituer la faculté de juger mise à mal ou brouillée par les évolutions contemporaines.

Ont participé à ce volume : K. Becker, J. Caelen, D. Cérézuelle, E. Clarizio, A. Guézengar, G. A. Legault, P. Musso, J. Patenaude, M.-A. Pencolé, D. Uzal, C. Verchère et D. Vernant.

Vrin - Pistes
326 p. - 13,5 × 21,5 cm - 2021
ISBN 978-2-7116-8425-0, 28 €

Vrin - Moments philosophiques
192 p. - 18 × 18 cm - 2019
ISBN 978-2-7116-2888-9, 12 €

Après la production

Travail, nature et capital

Frank Fischbach

Le centre vivant de toute l'œuvre de Spinoza réside dans la relation radicalement iconoclaste qu'elle entretient avec « la » religion en vue de la destituer au profit de la *Cause de la philosophie*. On savait déjà combien Spinoza soumet la religion à l'autorité civile, mais l'originalité de cet essai est de montrer que seule la philosophie doit s'approprier le désir « du salut, de la béatitude et de la liberté », qui toujours anima Spinoza. En mettant en évidence quelle nécessité relie les premières Propositions de la deuxième partie de l'*Éthique* (sur l'unicité originaire de l'âme-corps) à celles des dernières de la cinquième partie (en particulier sur l'éternité de l'âme), l'essai montre que cette paradoxale ontologie morale qu'est l'*Éthique* tient à la reconnaissance de la valeur absolue de notre existence singulière corporelle. L'énigmatique cinquième partie requiert ainsi la saisie de l'œuvre entière, et cette aventure philosophique que Spinoza vécut dès ses premiers démêlés ambivalents tant avec Descartes qu'avec la pensée médiévale juive.

Derniers dossiers parus

Cahiers Philosophiques

BULLETIN D'ABONNEMENT

Par courrier : complétez et retournez le bulletin d'abonnement ci-dessous à :
Librairie Philosophique J. Vrin - 6 place de la Sorbonne, 75005 Paris, France
Par mail : scannez et retournez le bulletin d'abonnement ci-dessous à : abonnement@vrin.fr
Pour commander au numéro : www.vrin.fr ou contact@vrin.fr

RÈGLEMENT

❏ France
❏ Étranger

❏ Par chèque bancaire :
à joindre à la commande à l'ordre de
Librairie Philosophique J. Vrin

❏ Par virement sur le compte :
BIC : PSSTFRPPPAR
IBAN : FR28 2004 1000 0100 1963 0T02 028

❏ Par carte visa :

_ _ _ _   _ _ _ _   _ _ _ _   _ _ _ _

expire le : _ _ / _ _
CVC (3 chiffres au verso) : _ _ _

Date :
Signature :

ADRESSE DE LIVRAISON

Nom
Prénom
Institution
Adresse

Ville
Code postal
Pays
Email

ADRESSE DE FACTURATION

Nom
Prénom
Institution
Adresse
Code postal
Pays

ABONNEMENT - 4 numéros par an

Titre	Tarif France	Tarif étranger	Quantité	Total
Abonnement 1 an - Particulier	46,00 €	60,00 €		
Abonnement 1 an - Institution	52,00 €	70,00 €		
			TOTAL À PAYER :	

Tarifs valables jusqu'au 30/06/2023

* Les tarifs ne comprennent pas les droits de douane, les taxes et redevance éventuelles, qui sont à la charge du destinataire à réception de son colis.